やさしく
ナビゲート！

不登校への
標準対応

どこの学校でもできる上手な不登校対応

小澤美代子／監修
田邊　昭雄／編著

ほんの森出版

はじめに

　小澤美代子編著『〈タイプ別・段階別〉続 上手な登校刺激の与
え方』(2006) が出版されてから、早いもので15年の歳月が流れ
ました。さらに、その母体となった小澤著『上手な登校刺激の
与え方』(2003) からは、18年の時を経ています。しかしながら、
いまだに不登校は増加傾向を示しているというのが現状です。

　登校刺激を控えるということが全盛の時代にあって、正面か
ら登校刺激に向き合ったこれらの著作はまさに刺激的なもので
した。その中で、不登校のとらえ方として、「心理的要因（本人
要因）」「教育的要因（学校要因）」「福祉的要因（家庭要因）」と
いう視点を提供し、それぞれを「慢性型」と「急性型」に分け
ることで６つのタイプ分けを行いました。また、不登校の経過
と回復過程を〈前兆期〉〈初期（不安定期）〉〈中期（膠着期）〉
〈後期（回復期）〉〈社会復帰（活動期）〉の５つの段階に分類し、
それぞれのタイプのどの段階で、どのような登校刺激を与える
かを事例を通して論じました。これらの不登校に対する知見
は、不登校対応への道標を示したと言っても過言ではないでし
ょう。

　本書は、この２つの著作を受け継ぐものとして企画されまし
た。前著作からは時代の変遷があり、不登校の内容にも社会状
況にも大きな変化が見られます。また、この２つの著作は主に
個別臨床を中心にした、学校心理学でいう三次的援助サービス
の実践です（個別臨床的には、これらの内容は現在でも十分に

通用するものだと思っています）。現在でも個別臨床の重要性は変わらないものの、学校での実践におけるウェイトは、予防開発的・集団的側面を重視した一次的援助サービスへと移ってきていると言えます。さらには、コロナ禍の経験や情報技術の急激な発展、「チームとしての学校」が強調される中での学校内外での連携・協働など、学校の在り方そのものが問われる状況も出てきています。それらは当然のことながら、不登校のとらえ方や対応にも、大きな変化をもたらしました。

　このような現状認識の中で、私たちは本書において再度、不登校への基本的・標準的な対応を明確にしたいと考えています。

　それは、２つの著作において不十分であった予防開発的・集団的側面への取り組み、発達障害やその二次障害への取り組み、さらにはインターネットやゲーム依存への対応、ＩＣＴ教育が推進される中でのそれらの不登校対応への積極的活用などに関して取り上げる必要があるからです。

　その根底には、文部科学省の「不登校児童生徒への支援の在り方について（通知）」（2019年10月25日）の中にある「不登校児童生徒への支援は、『学校に登校する』という結果のみを目標にするのではなく」という「支援の視点」は当然の前提としつつ、「不登校の時期が（中略）学業の遅れや進路選択上の不利益や社会的自立へのリスクが存在する」の部分にも着目し、学校教育は本来、子どもの自立を促進する場であるという立ち位置を明確にすることで、そのリスクに対処したいという思いがあります。

　本書をお読みいただくにあたり、まずその構成について述べ

ておこうと思います。

　第1部と第2部の最初にそれぞれ【ナビゲート】を入れて、私たちの視点をある程度明瞭にしました。さらに各章ごとにも【ナビゲート】を入れています。これは、多くの執筆者からなる本書を、少しでも読みやすいものにしたいという編者の試みです。

　第1部では、小澤（2003、2006）をもとにした要因別タイプ分けから始まる不登校への個別臨床的な対応を【不登校への基本対応】としてまとめました。

　第2部では、それを発展させて【不登校への標準対応】としてまとめました。「標準対応」とは医療分野で使われる標準治療から取った言葉です。標準治療とは、ある病態に対するエビデンスに基づいたその時点での最良の治療ということです。つまり、【不登校への標準対応】とは、一般的に不登校への対応として推奨される、その時点での最良の対応方策ということになります。

　【基本対応】と、それを包括する【標準対応】を見ていただければ、不登校の予防、また実際にかかわったときに、どのような点に注意して対応していけばよいかという一般的な対応の流れは、ほぼつかめるのではないかと思います。

　学校教育がセーフティネットとしての機能を十分に果たし、子どもたちの自立と成長を上手に支援できる場となることを願っています。本書がその一助となれば幸いです。

小澤美代子　　田邊昭雄

ナビゲート
【不登校への標準対応】の全体像

　まず【不登校への標準対応】の全体像のイメージ図を示します。

　第1章で示す【不登校への基本対応】を内包する形で、未然防止や復帰促進など、学校や学級での予防開発的・集団対応的な「登校促進」の対応があり、さらにそれらを内包する形で学校教育全般を「学校へのつながり」を強化する方向で整えておきます。

【不登校への標準対応】のイメージ図

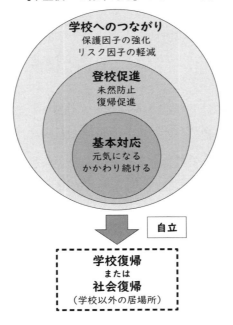

その結果として、学校復帰を果たしたり、社会復帰を果たす形で学校以外の居場所を見つけたりと進んでいきます。この流れを貫くキーワードは「自立」です。

　ここではもう１つ、「〈ステップ０〉最低限のアセスメント」の図を示しておきます。第１章の【不登校への基本対応】を補足するものです（第４章で触れます）。
　いわゆる不登校に対して、すべてに【不登校への基本対応】を適用するわけではなく、「いじめ、虐待等」「経済的理由」「身体的理由」などがわかった場合は、そちらへの対応を優先します。それが〈ステップ０〉の段階です。つまり【不登校への基本対応】を実施するかどうかのスクリーニングを行うということです。外的かつ明確な理由がある場合は、それへの対応が第１選択となり、そのうえで必要に応じて【不登校への基本対応】の〈ステップ１〜５〉を実施していくことになります。

〈ステップ０〉最低限のアセスメント

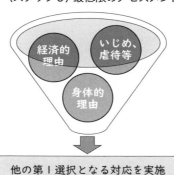

やさしくナビゲート！
不登校への標準対応 もくじ
どこの学校でもできる上手な不登校対応

第1部

不登校への基本対応

【第1部　ナビゲート】

　第1章は、【不登校への基本対応】をまとめました。この部分は『上手な登校刺激の与え方』『〈タイプ別・段階別〉続 上手な登校刺激の与え方』（小澤、2003、2006）の内容に多少の補足を交えつつ、そのエッセンスをまとめたものです。ある程度マニュアル的に使えるようにしてあります。

　少子化で子どもの数は減っているにもかかわらず、不登校の児童生徒数は増えています。時の流れに伴う社会環境や教育環境の変化を背景に、子どもたちやそれに対応する大人の側にも変化が見られます。そこで第2章では、小・中学校の現場と高校のそれぞれの現場での実践事例も交えて、現代の子どもの姿や学校の状況を考えてみます。

　第2章で垣間見られるのは、第1章で提示した【不登校への基本対応】が、時は移れども決して色褪せてはいないということです。事例として示されているような親切で丁寧な対応が、特に個別臨床において重要なことに変わりはないのです。

　つまり、子どもたちそのものは変わっていないけれど、それを取り巻く社会環境、とりわけ情報技術の急激な進展に大きな影響を受けているという視点をもつことが大切になって

きているのです（第2部では、これらの視点を補足すると同時に、より具体性を持たせた内容として【不登校への標準対応】の作成を試みていくことになります）。

　第3章では、社会の変化とそれに対する教育行政の対応等についてまとめました。ここを読んでいただくと、教育行政上の不登校の扱われ方の変遷が一通りわかると思います。それは、不登校に対する私たち社会のとらえ方の変化そのものでもあります。言い換えれば、教育行政上の不登校の扱われ方の変化は、相談室の中で、不登校の子どもたちやその保護者が、教育相談担当教員やカウンセラーなどとともに経験し、一緒に乗り越えてきた過程（認知の変化）そのものです。私たちは、今現在、社会全体の中で、その過程を経験している途中にあるということがおわかりいただけることと思います。
　ともあれ、その変化の中で、私たちは日々子どもたちとかかわっていかなければなりません。特にコロナ禍により、情報化の波と、子どもたちを取り巻く生活環境の変化が大きく交錯し、学校教育のかかわりが問われました。コロナ禍により、教育現場の現状が露わになったと言ってもよいのかもしれません。
　それにあわせて、教育行政の動きも急なものになってきています。これからの動きが、不登校の子どもたちにどのような影響を与えるのか、第3章が教育行政の動きに注目するきっかけになればと思います。

第1章

不登校への基本対応

「上手な登校刺激の与え方」のエッセンス

【第1章　ナビゲート】

　不登校の子どもたちへの支援において、「ある程度の経過の見通しをもって臨めるかどうか」は大きな問題です。見通しなき臨床は無謀のそしりを免れません。本章では、見通しをもって支援できるように、状態を見立てるための不登校のタイプ分けと、不登校の回復過程を前兆期・初期・中期・後期・社会復帰の5段階に分けて考える【不登校への基本対応】を紹介します（小澤、2003、2006）。

1　不登校の要因別タイプ分け

　不登校への対応をする際、今後のかかわりに見通しと根拠を与えるためには、見立てが重要です。見立てを行うには、必要な情報を集め、情報の意味を読み取ることが必要です。ここでは、集めた情報から今後のかかわりを進めるために、不登校を3つの要因、2つの視点に分類し、タイプ別にとらえる方法を紹介します。

⑴　3つの主な要因

　不登校は複数の要因が重なっていることが多いのですが、それらの主な要因を大きく3つに分けて考えてみます。

①心理的要因（本人要因）

　感受性の強さやこだわり、あるいは不安緊張をもっている場合で

す。子ども自身が敏感すぎる心や強い不安をもっていて、次第に集団生活になじめなくなる場合と、思春期の特性である自我の確立に鋭く立ち向かっていて、自己への不安や体制・権威に対する反発から急激に葛藤状態になる場合があります。

　不適応状態になったときには、カウンセリングあるいは心理治療的な対応が必要になります。

②教育的要因（学校要因）

　本人はある程度以上のレベルで学校生活を送る力はあるけれど、外在的な出来事や丁寧な支援が欠けると不適応になるケースです。学校生活における問題、特に「学習」と「対人関係」でのつまずきや挫折があった場合です。

　この場合には問題解決的・教育支援的な対応が必要になります。

③福祉的要因（家庭要因）

　本人よりも家庭に精神的あるいは経済的な課題がある場合です。家庭生活の負因が大きかったり、家庭生活そのものが成り立たないために不登校になる場合です。

　本人よりも保護者に精神的あるいは経済的支援が必要で、福祉的な支援制度の利用が有効な場合もあります。

(2)　不登校の進み方についての２つの視点

　不登校の状態を見立て、その後の対応、特に学校復帰や社会的自立へ向けての長期的な展望をもつためには、不登校がどのように始まり、どう進行したかという視点からの情報が必要となります。

　ある時期から急激に変化した場合を「急性型」、小学校入学の頃から年単位で進んできた場合を「慢性型」と名付けました。

①急性型

　それまで特に不適応もなく過ごしてきた子が、何かの出来事をきっかけとして急激に不適応状態に陥り、不登校になるのが「急性型」

です。「きっかけ」に出会わなければ不登校にならなかった可能性が高く、本人の外側に起因があると考えられます。

　急激なダメージによってエネルギーが低下しているので、とりあえずの休養が必要です。その間に、状況を把握し対応を考えます。対応には、問題解決的・環境調整的な視点が必要になります。本来的には学習や対人関係の力をもっているので、初期の対応を適切に行い、関係をこじらせなければ回復も急速に進みます。

②慢性型

　日頃から休みがちで、特に大きなきっかけが見当たらないのに休みが続くようになり、気がついたら不登校状態になっていたというのが「慢性型」です。もともと本人の内側に要因があり、特別なきっかけがなくても、徐々に不適応になる可能性が大きいケースです。

　事態は長期的に進行してきているので、休養をとってもすぐには改善に結びつきません。むしろ現状を維持しつつ、少しずつ向上していくような継続的なかかわりが必要です。

⑶　6つのタイプ分けと「タイプ分けチェックリスト」

　3つの要因（心理的・教育的・福祉的）と2つの視点（急性型・慢性型）を組み合わせると、次のような6つのタイプになります。

A：心理的要因をもつ急性型	B：心理的要因をもつ慢性型
C：教育的要因をもつ急性型	D：教育的要因をもつ慢性型
E：福祉的要因をもつ急性型	F：福祉的要因をもつ慢性型

　不登校のタイプを見立てることで、適切な対応につなげていくことが重要になります。タイプを見立てるために「不登校のタイプ分けチェックリスト」があります（資料1-1）。「○」や「△」が多くついたところが、該当するタイプになります。

資料1-1　不登校のタイプ分けチェックリスト

当てはまる ○　やや当てはまる △　当てはまらない ×

氏名（　　　　　　　　　）		小・中・高　（　　年）男・女	
A：心理的要因をもつ急性型		**B：心理的要因をもつ慢性型**	
①感受性鋭く、深く悩む		①敏感すぎる（音・光・言葉・雰囲気）	
②まじめ、几帳面である		②おとなしく、目立たない	
③強いこだわりをもつ		③何事に対しても不安緊張が高い	
④友達はいる		④友達をつくるのが苦手	
⑤成績は悪くない		⑤学習の基礎でつまずく	
⑥思春期の不安・葛藤が強い		⑥心身ともに丈夫でない	
⑦神経症的な状態を示す		⑦頭痛、腹痛などを訴える	
⑧親に養育・保護能力はある		⑧親自身に不安や不全感がある	
⑨発達に問題は感じられない		⑨発達上の問題が感じられる （心理治療を要するレベル）	
C：教育的要因をもつ急性型		**D：教育的要因をもつ慢性型**	
①性格は明るく活発なほうである		①内気で自己主張が上手でない	
②勉強や運動を頑張っていた		②勉強が少しずつ遅れてきた	
③友達をつくる力がある		③友達関係が維持できない	
④家庭環境は健全である		④家庭が過保護・過干渉である	
⑤友達とのトラブルがある（いじめ等）		⑤学級崩壊を経験している	
⑥教師の強すぎる叱責、厳しすぎる指導		⑥教師の指導力不足（本人に・学級に）	
⑦学習の挫折（伸び悩み・急落・失敗）		⑦進級・入学等で環境の変化がある	
⑧発達上の問題はない		⑧発達に弱さがある （教育的支援で改善可能）	
E：福祉的要因をもつ急性型		**F：福祉的要因をもつ慢性型**	
①家庭生活の急激な変化があった （親の不仲・病気・死・離婚・再婚・リストラ）		①家庭崩壊がある	
②最近、顔色が悪く、表情が暗くなった		②不安や不信の表情がある	
③最近、投げやりな態度が目立った		③反抗や不服従がみられる	
④学習意欲が減退し、成績が急落した		④経済的に困窮している	
⑤短期間に適応力が低下した		⑤親が長期的な病気を患っている	
⑥親に保護をする精神的余裕がない		⑥親の保護能力（衣食住）が低い	
⑦最近、服装の汚れや忘れ物が目立った		⑦虐待が疑われる	
⑧発達上の問題はない		⑧発達上の問題がある （能力があっても育っていない）	

2　不登校の回復過程

　不登校の子どもたちは、どのようなタイプの不登校でも、ほとんどの場合、回復までにほぼ同じような過程をたどります（図1-1）。

(1)　回復過程の5つの段階
　その過程は、次のような5つの段階に区切ることができます。

①前兆期
　理由のわからない苦しい気持ちが起こり、日常生活を送るのがつらくなり始めています。表情が暗くなり、やや元気がなくなり、教室でポツンとしていたり、保健室に通ったりします。

②初期（不安定・混乱期）
　本人の気持ちの中には、混乱が生じています。情緒的な不安定さが見られ、頭痛や腹痛を訴えたり、食事がとれなくなったり、睡眠時間が乱れてきたりします。

③中期（膠着・安定期）
　精神的に安定してきて、趣味や遊びなどを通してエネルギーがたまっていきます。日常生活のリズムが安定してきますが、この状態は継続するので、状態に変化がなく膠着しているように見えます。

④後期（回復・試行期）
　将来の自立に結びつくような進学や就職のための活動ができるようになり、回復してきているように見えます。本人の気持ちの中ではまだ試行の状態です。

⑤社会復帰（活動期）
　学校復帰や就職が実現し、本人の気持ちの中でも将来に結びついた、自立した活動の見通しがもてるようになります。

図1-1　不登校の回復過程の5つの段階

[前兆期]	[初期]	[中期]	[後期]	[社会復帰]
	[不安定期] 混乱期	[膠着期] 安定期	[回復期] 試行	[活動期] 自立

＊太字は、外側から見た本人の状態。細字は、本人の気持ちの状態。

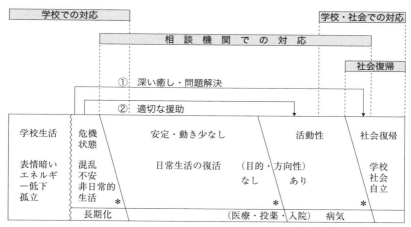

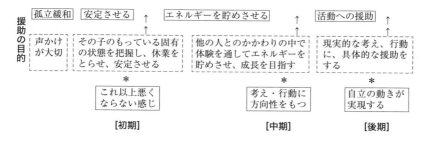

⑵　状態像チェックリスト

　適切なかかわりをしていくためには、子どもの状態の的確な見立てが不可欠です。不登校の子どもが回復過程の前期・中期・後期のどの段階にあるのかを見立てるために、「不登校の状態像チェックリスト」があります（次ページの資料1-2）。

　子どもの状態はさまざまで、各段階のすべての項目が該当するわけではありません。「○」や「△」の数によって、どの段階に該当す

資料1-2　不登校の状態像チェックリスト

氏名 小・中・高（　　年）　男・女 （月／日）	十分確認できる　………………○ 確認できるが十分とは言えない…△ 確認できない　………………× ／	／	／	／	／
〈初期〉　不安定・混乱期					
①腹痛・頭痛・発熱など、身体症状がある					
②食欲・睡眠時間などの生活の乱れがある					
③物や人に当たるなど、攻撃性がある					
④感情や行動のコントロールができない					
⑤気力が低下する					
⑥恐怖感が強く、人目を避け、外出しない					
⑦学校の話題に激しい拒否感を示す					
━━▶（これ以上悪くならない感じ）━━▼					
〈中期〉　膠着・安定期					
①気持ちが外に向き、活動への意欲が出る					
②趣味や遊びに関心がわく					
③気持ちを言葉で表現する					
④きっかけになった出来事に触れても混乱がない					
⑤同じことの繰り返しがなくなり膠着状態から脱す					
⑥手伝いや家族への気遣いをする					
⑦部屋の掃除や髪のカットなど整理・区切りをする					
⑧気のおけない友人に会う					
⑨子どもの状態に配慮する先生に会える					
⑩教育センターや適応教室に通い始める					
━━▶（思考・行動に方向性をもつ）━━▼					
〈後期〉　回復・試行期					
①自分を肯定する言葉が出てくる					
②進学や就職の話をするときに笑顔が現れる					
③アルバイトや学習を始める					
④担任や級友など学校関係者に会う					
⑤登校や進学・就職に向けて動き出す					
⑥不登校のことを振り返る					
（自立の動きが実現する）					

＊チェックリストの見方：初期は経過とともに○が減り、中期・後期は○が増える

るかを判断していきます。

　不登校になって間もない場合は１週間ごと、長期化している場合は１〜３か月ごとにチェックすればよいと思います。

３　不登校の回復を援助するかかわり方

　不登校の回復過程の５段階では、それぞれの段階に応じた援助の目的やかかわり方があります。

⑴　回復過程の５段階の援助の目的
①前兆期

　前兆期のかかわりは、学校でしかできないかかわりと言えます。子どもの様子に気づいたら、すぐに「調子はどう？」「元気でやってる？」「何かあったの？」などと軽い声かけをし、悩んでいる子を孤立状態にしないことです。

②初期

　その子のもっているもともとの体質・体力・過敏さ・活力などを把握し、それに沿って本人に休養をとらせて、心身を安定させることがこの段階の目的です。

③中期

　他の人とのかかわりや趣味などの体験を通して、エネルギーを貯めさせ、成長を促します。

④後期

　目的をもった活動が出てくるので、現実的な考え方や行動を促し、活動への具体的な援助をします。

⑤社会復帰

　学期や学年の変わり目を上手にとらえて、進学や就職を実現させます。それが軌道に乗るまでは、援助が必要です。

⑵ チェックリストの活用

　不登校の初期・中期・後期の段階をつかむことができたら、現在のかかわりがどの程度実践できているかを確認するための「不登校の回復を援助するかかわりチェックリスト」があります（資料1-3）。

資料1-3　不登校の回復を援助するかかわりチェックリスト

氏名　　　　　　　　　　　　　　　　　　　 　小・中・高（　　年）　男・女 　　　　　　　　　　　　　　　（月／日）	十分している …………………○ しているが十分とは言えない…△ していない …………………× ／　／　／　／　／				
〈初期〉　安定させる					
①つらさに共感し、薬や保温の世話をする					
②食事の工夫や眠りやすいように配慮する					
③干渉を控えるなど、心理的な刺激を減らす					
④本人に対して非難・強制しない					
⑤親が本人を守る姿勢を示す					
⑥迎え・訪問・電話等は、本人が嫌がる場合は控える					
〈中期〉　エネルギーを貯めさせる					
①言動に期待しすぎず、ゆとりをもって見守る					
②関心をもって一緒に活動する					
③きっかけになったことが語られたら、じっくり聴く					
④わずかなことでも認め、ほめる					
⑤進路や学習の情報を上手に提供する					
⑥状況打開の見通しと希望を上手に与える					
⑦担任や友人から接触がある					
⑧相談員が学校と連携をとる					
〈後期〉　活動への援助					
①本人のすることに信頼感をもつ					
②進路・学習・就職などの情報を具体的に提供する					
③活動へ具体的援助をする					
④受け入れの体制づくりをする（学校・進路先）					
⑤振り返りにつきあい、納得していく援助をする					

何をしたらよいかわからないとき、また何をしてはいけないかを知りたいとき、このチェックリストを活用していただければと思います。

4 【不登校への基本対応】で大切にしたい5つのステップ

　ここまで述べてきたように、不登校の6つのタイプのどこに該当するか、そして、回復過程のどの段落にいるかを見立てて支援していくのが、本書で言う【不登校への基本対応】です。そのとき必ず知っておいていただきたい5つのステップについて、小澤（2003、2006）の前著に多少の補足を含みつつ、以下に簡略にまとめておきます。

　不登校への対応は、主に個別臨床的な取り組みになります。しかし、小澤（2006）は自らの臨床体験から「どのようなタイプの不登校でも、ほとんどの場合、いったん不登校状態になると、回復までにはほぼ同じような過程をたどる」と述べています。筆者自身も同様の臨床的実感をもっています。そうした「同じような過程」において、以下のような共通して大切にしたいことがあります。

⑴　目標の設定時に大切にしたいこと

　まずは、最初に不登校の子どもたちにかかわったとき、これからどうするのか、どうなるのかの目標を設定しなくてはなりません。このとき、大切にしたいことがあります。

〈ステップ1〉　目標の設定
①再登校に目標を設定しない
・再登校はあくまでも結果であって、目標ではない。
・再登校に目標を設定すると、本人にも支援者にも必ず焦りが出てしまう。

②目標は、元気になること

・「どうしたら目の前のこの子が元気になるのか」に目標設定をして、
　関係者（チーム）で一緒に考えていくことが重要。

　さて、「目標は、再登校でなく元気になること」と目標設定できたら、そのために何ができるかを関係者で一緒に考えていきます。今風に言えば、「チームで協働する」ということです。ですから、この関係者の中には、基本的に保護者も参加できるのがベストです。それぞれが自分のできることと役割を確認します。

　このときに、前述した要因別の３つの分類が有効に働きます。主要因によって具体的な支援の方法に違いが出てきますし、関係者の範囲にも多少の違いが出てくるからです。

　と、簡単に書いてきましたが、実はこの"目標を関係者の共通理解として設定すること"自体が、そう簡単なことではありません。多くの保護者や先生方の中には、不登校の子どもに対応するのに再登校を目標としないことに不安感や抵抗感を覚える人がいるからです。むしろそのほうが一般的かもしれません。まして、家庭要因が大きいと考えられる場合には、保護者の協力を得ることすら難しい場面も多いでしょう。

　しかしそれでも、子どもたちにとっては、結果的に学校に行けるようになってもならなくても、「元気になること」が最も大事なことです。

⑵　初期は不安定・混乱の時期

　目標が設定されて、不登校の回復過程の５段階における初期での対応が始まります。この段階は「不安定・混乱の時期」です（小澤、2003、2006）。

　〈ステップ２〉は、ここでの対応のポイントになります。

〈ステップ2〉 「初期」での対応

①十分な休養期間を保障する

・物理的に休めることと<u>精神的に休める</u>ことの両方が重要。

・精神的な休養には、<u>好きなことを好きなだけする</u>のが一番。

②拒否権を尊重する

・何かを決めるときは、<u>大人が勝手に決めない</u>ことが重要。約束という名のもとに大人が勝手に決めてしまうことがありがち。

・スマホやネット利用の<u>ルールづくり</u>をする際には、特に重要となる。

③できるだけ干渉を控える

・かかわるけれど、干渉することは控える態度で接する姿勢が重要。

　前兆期に至る早い段階で適切な対応がとれれば、不登校状態にまで進まない場合も多々見られます。そのために重要なのが、全体に対する学校心理学で言うところの一次的援助サービスであり、個人に対しては「気づく」そして「かかわる」ということです。この部分については、第2部で取り上げます。

　さて、いずれにしてもエネルギーが枯渇してしまったら、元気を回復し、活動のためのエネルギーを貯めるためには休養がとても大事になります。さらに、この時期は混乱や不安で情緒的に非常に不安定ですから、それを安定させるためにも休養が大切です。

　関係者で話し合って、子どもが精神的にも身体的にもゆっくり休める状況をつくります。ここでも、関係者の中には不安や抵抗はあります。「とりあえず登校しないという状況をつくったのに、そのうえさらにゆっくり休めるためには何をしたらいいのか考えるの?」という疑問です。関係者間の話し合いは、これに対しての共通理解をつくるためのものでもあります。

　精神的・身体的にゆっくり休める状態をつくるためには、基本的

に日常生活の中に存在する微弱な登校刺激以外の特別な刺激は控えることになります。日常生活の中に存在する微弱な登校刺激とは、起床を促す声かけや「おはよう」等の日常的なあいさつなどです。

(3) 何が登校刺激かを理解する

「子どもたちは常に登校刺激の中にさらされている」

このことを支援者は共通認識しておく必要があります。

不登校への対応をするにあたって、保護者や教員は登校刺激のない状態をつくることはできません。なぜなら、保護者や教員という存在そのものが登校刺激であり、教員はまさに「歩く登校刺激」と言ってもよい存在だからです。同様に、学校という言葉そのものも登校刺激となるでしょう。社会は制度的にも心情的にも「学校に行くのは当たり前」という前提で成り立っています。広く言えば、この前提こそが登校刺激そのものです。

その前提に立てなくなった子どもたちに対して、登校刺激を常態としている社会の中でそれを放置しておくのではなく、それらを上手に工夫（コントロール）して使っていくことが重要になります。

例えば「おはよう」などの言葉かけも、本当に弱っている子どもにとっては、微弱な登校刺激となります。朝のその時間に起こそうとするのは、学校に行ってほしいという願望の表れだと思ってしまうからです。では、これはやらないのか？　そうではありません。続けなければなりません。ただし、本当に弱っているときは、「おはよう」と一声だけかけて、他の余計なことはしないということが重要になります。エネルギーが貯まってくれば、そこに付加価値（二度三度と声をかける、窓のカーテンを開けるなど）を付けていきます。それが、コントロールするということの意味です。

会話の中に「先生」という言葉や「学校」という言葉が出てくることも最も弱い刺激の１つだとすれば、電話をかけるとか、家庭訪

問するとかは、けっこう強めの刺激ということになるでしょう。無理やり連れ出そうとするようなことは、刺激の最たるものかもしれません。

　関係者間の話し合い等での共通理解のためにも登校刺激についての理解を深めておく必要があります。登校刺激の特徴を以下の〈ステップ3〉にまとめました。

〈ステップ3〉　登校刺激の理解

①登校刺激とは薬のようなもの

・適切な使用は効果があるが、不適切な使用は害となる。

・適切か不適切かは、対象者の状況と投与の時期、そして刺激の種類によって決まる。

②登校刺激には段階がある

・登校刺激は微弱なものから強いものへと段階がある。これをコントロールすることが重要。

・人が直接かかわる人的刺激（友人に迎えに行かせる、先生や保護者が連れ出そうとするなど）は、刺激としてはかなり強いものだということを十分に理解しておく必要がある。

③教員は「歩く登校刺激」である

・教員や保護者は、基本的に存在そのものが登校刺激なのだという自覚をもつことが重要。教員が電話をかければ、訪問をすれば、他に何もしなくても、それだけで登校刺激になる。それをまず自覚することが大切。

　ここに挙げたのは、登校刺激というものに対する最低限の基本的な理解です。なかでも、先生方自身が、自分の存在そのものが登校刺激を体現するものだということを十分に理解しておくことが重要です。これは悪い意味で言っているわけではありません。そのこと

を十分に自覚したうえで、自分自身を上手に、有効に活用する術を身につけてほしいということです。有効活用のためには、次の〈ステップ4〉と〈ステップ5〉が役立ちます。

　これらの理解を関係者間で共有したうえで、実際には次のような刺激投与のポイントに沿って対応を進めていくことになります。

⑷　登校刺激を与えるときのポイント

　〈ステップ3〉のような特徴をもつこの登校刺激という薬をどのように使用していけばよいのでしょうか。それを〈ステップ4〉にまとめました。

〈ステップ4〉　登校刺激投与のポイント

①弱いものから順に小出しにする

・登校刺激の投与は、微弱なものから強いものへ段階的に投与する。

②投与前後の様子を観察する

・「様子を見る」ということは何もしないことではなく、登校刺激投与前後の子どもの様子を細かくしっかり観察すること。

・その観察結果に基づいて、その刺激の投与を継続するか中止するかの判断をする。

③継続の場合は次の段階を考える

・新たに投与した刺激に対して特に否定的な反応が見られなければ、しばらくそれを継続して、次の段階に移行する。

④中止の判断はためらわない

・新たに投与した刺激が強すぎて中止の判断をした場合は、ためらわずに、迷わず即中止することが大事。もう少し続けたら効果が出るかもしれないなどとは考えずに、それ以前の元の状態に戻すことが重要。

例えば、「しばらく様子を見ましょう」と保護者に提案するとします。それは、何もしないということではありません。保護者に、事細かに子どもの様子を観察してもらうことを意味します。つまり、本当に「様子を見る」という作業に入ることになります。実際にはここからが大変な仕事になるということです。

　学校に来ていない子どもの様子は、保護者以外にはなかなか知ることができません。保護者でも難しいとは思いますが、保護者以上に知ることのできる人はいません。ですから、保護者に支援チームの一員になってもらうことは重要なのです。

　その保護者は子どもの様子を観察すると言っても、何をどう観察すればよいのかわからないと思います。ですから、どう観察するかを保護者に伝えるところから始めます。ただし、ここは教員にとっても、おそらくは苦手なところだと思います。ですから、スクールカウンセラー（以下、ＳＣ）の協力を得ることが大事です。

　不登校の子どもが相談室に来なくても、保護者だけでも定期的に相談室に通うことが大事です。これを定期的に行っていると、保護者は次第に子どもの些細な変化にも気づけるようになってきます。子どもを見る目や対応の仕方がだんだんとわかってくるのだと思います。保護者だけでも相談室に通う意味がそこにあります。

　保護者がしっかりと観察できるようになってきて、変化についてＳＣや担任と話ができるようになってきたら、次は現在行っている登校刺激の投与を継続するか中止するかの判断です。負担がかかっていないようであれば、次の段階の登校刺激を考えます。逆に負担が大きいようであれば、躊躇せず前の段階に戻ります。ここでのためらいが、本来は前の段階に戻ればすんだものが、振り出しに戻ることになりかねないので、細心の注意が必要です。話し合いの中でのＳＣや教育相談担当の教員の判断が重要となるでしょう。

　また、担任や学年主任など他の先生方とも十分に連携をとってこ

の動きを理解しておいてもらわないと、突然、不測の登校刺激が別の角度から飛んでくることにもなりかねないので十分に注意しましょう。そうならないためにも、チームでの対応が重要となります。

⑸　かかわりの基本姿勢

　次に〈ステップ5〉として、不登校の子どもにかかわるときの支援者側の基本姿勢についてまとめておきます。

> ### 〈ステップ5〉　かかわりの基本姿勢
> ①かかわり続けることが重要
> ・例えば卒業後に年賀状を出し続けることは、子どもの社会参加を見据えた視点として重要。
> ②常に支援できる体制でそばにいる
> ・たとえ現在支援できていなくても、必要があればすぐに支援できる体制を常に整えておく。準備は大切。
> ③愛情よりも親切に接する
> ・愛情の裏返しは、憎悪である。不安定な愛情をもって接するよりも、親切に接することを心がける。

　みなさんは、どんな卒業生に年賀状を出していますか。社会参加の視点から考えると、不登校だった子どもや対人関係に不安のある子どもには、教員から年賀状を出し続けることの意味は大きいです。
　社会に出ると、社会参加につまずきやすそうな子どもや不登校だった子どもたちにとって、相談できる人や機関は極端に少なくなります。実際には該当するような人や組織の体制はある程度整っていますが、そうした子どもたちにとっては「少ない」と感じられるのです。そもそも、そうした相談機関などを知らないのです。そのときに、年賀状を出し続けてくれていた「学校の先生」は大きな支え

となる場合があります。

　常に支援できる体制をつくって、そばにいることも重要です。例えば、中学校３年生の不登校の子どもたちも、その多くは高校への進学希望をもっています。本人の準備ができるまで周囲は待ちますが、その待っている間、周囲は何もしないということではありません。通信制の高校や高校以外の進路なども含めて、十分な情報を得ておくことが必要です。そうすれば、本人が動き出したときにすぐ支援の体制に入れます。

　そして何よりも、教育愛よりは“親切”が重要です。教育愛は重要です。ですから、各教育委員会で作成された教員等育成指標の多くにこの言葉が載っています。それだけ重要だということです。ですが、それでも教育愛が暴走すると大変です。例えば、教師が自分自身や自分の家庭生活を犠牲にしてまで子どもたちのことを考えていると、やがて「こんなにしてやったのに」「自分のこと（家庭）を犠牲にしてまでかかわったのに」などと思うようになることもあります。これは要注意です。教育愛の暴走が始まっています。

　そうならないためには、常に「親切に接すること」を第一に心がけていくことが重要となります。

　もう１つ、そうならないために重要な視点があります。それは、いわゆる「教員の働き方改革」の問題です。この問題はいわゆる労働問題の一環としてとらえられがちですが、前述のように子どもたちの教育にかかわる、教育問題の側面をあわせもっているということです。その視点も忘れず、私たち自身の働き方に対する意識の変革も必要になるでしょう。

〈引用・参考文献〉
小澤美代子（2003）『上手な登校刺激の与え方─先生や家庭の適切な登校刺激が不登校の回復を早めます』ほんの森出版
小澤美代子編著（2006）『〈タイプ別・段階別〉続 上手な登校刺激の与え方』ほんの森出版

第2章
社会環境の変化と
不登校の子どもたちの現状 ⋯★

【第2章　ナビゲート】

　本章は、不登校の子どもたちの現状を、学校現場での経験を通して考える章です。子どもたちの発達段階や制度上の違いなどもあるので、ここでは、小・中学校と高校に分けて考えます。

　ここから浮かび上がってくるのは、子どもの貧困や格差社会、また、情報化社会の中でもがく子どもたちの姿です。もちろん、その対応に苦慮するのは学校の教員や保護者も同様です。支援する側の学校や家庭が問題を抱えていると、不登校の子どもたちへの支援は当然のことながら進みません。

　このような状況の中で【不登校への基本対応】として強調されるのは、第1章の〈ステップ5〉にもあるとおり「かかわり続けること」の重要性です。そして、「親切丁寧な対応」と「多様性を認め合える」ということがキーワードだということがはっきりと理解できるのではないでしょうか。

1　小・中学校における状況

⑴　不登校の状況

　小・中学校における不登校は、いまだに増加傾向を示しています。文部科学省の「児童生徒の問題行動・不登校等生徒指導上の諸課題に関する調査結果について」では、年間30日以上の欠席を「長

期欠席」として、理由別に「病気」「経済的理由」「不登校」「その他」の４つに分けて調査をしています。これらの不登校以外の理由の中に、不登校が潜在化しているケースとして「心理的な対応が必要なケース」（本人要因）や「福祉的な対応が必要なケース」（家庭要因）が含まれている可能性があることは、不登校支援にかかわったことのある方ならば、実感するところではないでしょうか。

＊心理的な対応が必要であったケース

　小学校４年生。はっきりとした理由もなく、５月の連休明けから欠席が目立ち始め、夏休み明けからは、ほとんど登校できなくなってしまった。その後、その子には学習障害があり、それが不登校の大きな要因の１つであったことが判明する。

　小学校１～３年生の頃は、頭痛や腹痛など、体調不良を理由にしばしば欠席。年間で50日には及ばないものの30日以上の欠席があったが、保護者からきちんと欠席の連絡があり、特別に心配なケースとして対応はしていなかった。学習は苦手だったが、保護者の協力もあり、本人も頑張っていた。しかし、周囲が思っていた以上に本人は困難を感じており、身体に症状が現れていたのかもしれない。自己肯定感が低くなって不登校になってしまう前の低学年のうちに必要な支援が受けられていたとしたら…。

＊福祉的な対応が必要であったケース

　中学校２年生。１週間に一度は放課後登校をして担任に顔を見せているので、数字の上では全欠（まったく登校しない状態）ではないが、教室に入ったことはない。ゲームに熱中し、生活は乱れ、昼夜逆転の生活。衣服も薄汚れており、風呂にも入っていないのか体臭が気になる。本人は食べていると言うが、きちんと三食を食べているとは思えない。

小学校からは、保護者も含め心配なケースとして引き継ぎがされてきた。離婚した母親とともに引っ越してきて、5年生で転校してきた。欠席は多かったが、「熱がある」「咳が出る」などと母親から欠席連絡があるので、病気欠席の扱いになっていた。家庭訪問をすると、家の中は乱雑で母親は不在。本人と就学前の弟妹の3人だけで、弟妹の面倒を見るために欠席させられた可能性もうかがえた。しかし、登校してきたときの本人は明るく活発に過ごしているため、注意深く様子を見守ることにした。しかし、6年生になるとさらに欠席は増え、学校からの電話や家庭訪問も拒否するようになってしまい…、その状況のまま中学校へ。

　不登校には、この2例のような「潜在的な不登校」のうちに支援が適切に行われていたら、深刻な状況にならなかったかもしれないといったケースがあるのではないかと思います。
　不登校の要因は1つではなく、いくつかの要因が複合的に絡み合っているので、ここに挙げた事例のように単純な問題ではなかったり、家庭の問題であるため学校の立場ではかかわることが難しかったりすることが多々あります。ですが、欠席の理由や状況が何であれ、小学校や中学校は、これらのような「潜在的な不登校」に早期に気づき支援を行うことができる立場にあると思われます。
　多くの先生方や関係する方々が支援に力を尽くしているにもかかわらず、不登校が増加している現状は、まだ支援を必要としている子どもたちが多く存在していることを表しているのではないでしょうか。そこで、最近の子どもたちが置かれている状況について見ていきたいと思います。

⑵　背景要因としての家庭
　子どもの成長にとって大切な環境の1つに家庭があります。その

家庭が、子どもたちが安心して生活できる場として機能しているのかが気になります。2つの調査結果を見てください。

> ・中間的な所得の半分に満たない家庭で暮らす18歳未満の割合（「子どもの貧困率」）が13.5％：7人に1人の割合（厚生労働省「平成30年度国民生活基礎調査」）
> ・全国の児童相談所の児童虐待相談対応件数は15万9850件：過去最多。1990年度から28年連続最多更新（厚生労働省「平成30年度 児童相談所での児童虐待対応件数等」）

　児童虐待については、人々の関心の高まりにより通告が増えたことが対応件数の増加につながったことを考慮しても、ここに取り上げた2つの調査結果からは、子どもたちの置かれている状況の厳しさをうかがうことができます。

　小学生、中学生の年代は、まだまだ大人の保護が必要であり、家庭の影響を大きく受けます。ここ最近は、経済状況の悪化や地震や台風の自然災害、新型コロナウイルスの感染流行など、家庭状況に大きな影響を与える出来事が頻発しています。これらの出来事は、不安を増大し、子ども自身の努力ではどうにもならないことばかりです。つまり「福祉的な対応が必要なケース」（家庭要因）が増えてきているということになるでしょう。

⑶　成長・発達面から見た子どもたち

　次に、成長・発達といった面から子どもたちの状況を見ていきたいと思います。小学校から中学校にかけての子どもたちの発達は、児童期から思春期への発達とも言えます。一般的には小学校段階にある子どもたちを児童期ととらえ、心身の発達は穏やかで落ち着いています。成功や失敗などのさまざまな体験を通して社会的な行動

規範や耐性、対人関係能力などを身につけていく時期とも言えます。

　思春期の始まりは、第二次性徴（初経や精通）の始まりです。第二次性徴が現れる１〜２年前から身長・体重の成長速度が急激に速まり、思春期に入ると、大人の身体への爆発的な成長が起こってきます。そして、大人が眉をひそめるような行動をしたり、一見矛盾した大人の行動を見つけて口ごたえをしたり、反抗的な態度も見られるようになります。

　そのような行動が見られるのは、思春期が身体的成長だけでなく、保護者（自分を守ってくれている大人）からの自立という大きな課題を含んでいることと関係しているからです。身体的には親をすぐに追い越すほど大きくなってくる思春期の子どもが、精神的にもすぐに保護者から自立して、しっかりとした自分を確立できるものではありません。そこには、甘えと自立への欲求が入り混じった複雑な行動が見られ、子ども自身も不安定になります。それでも、周囲の支援を受けながら、児童期までに身につけた社会的な行動規範や耐性、対人関係能力など、子ども自身の力をもとに、不安で混乱した思春期を乗り越えていきます。

　しかし、近年言われているのが、子どもたちの身体的成長、とりわけ第二次性徴が早まっている（発達加速化現象）ということです。それはつまり、児童期が短くなり、思春期が早く来るということです。児童期に身につけておくべき力を十分に獲得しないまま思春期を迎えてしまうと、「嵐の時代」とも言われる思春期を乗り越えることが、より困難になってくるのではないでしょうか。

　さらに、情報化社会と言われる現代では、小・中学生がパソコンやスマートフォンを持っていることは珍しくありません。情報過多になったり、ＳＮＳを使った「見えにくいいじめ」が起きたり、ゲーム依存になったりの危険もあり、ますます思春期を乗り越えていくことが困難になっている状況と言えそうです。

また、発達障害やその傾向のある子どもの中には、コミュニケーションの困難さやこだわりの強さなどの特性をもつ子もおり、思春期を乗り越えていくことが大変になることもあると言われています。

　これらの状況は不登校の要因となり得るもので、「心理的な対応が必要なケース」（本人要因）として支援の重要な視点となります。

⑷　学校現場の状況

　では、教育は、子どもたちが置かれている状況に対して、どのような支援を行っているのでしょうか。

　昔の学園ドラマでは、1人のスーパーマンのような先生が子どもたちの問題を見事に解決するというような話がよくありました。しかし、最近の現実の学校は「チーム学校」という言葉に表されるように、1人の先生が問題に対応するのではなく、チームで組織的に対応する校内体制づくりが進められています。そして心理や福祉の専門家であるスクールカウンセラー（以下、ＳＣ）やスクールソーシャルワーカー（以下、ＳＳＷ）が小・中学校へ配置され、協働して支援にあたるようにもなってきています。

　また、地域の関係機関との連携も図られています。市が設置する教育支援センター（適応指導教室）や民間のフリースクール、病院、保健所、児童相談所等の施設や関係機関と連携することは、子どもたちが安心できる心の居場所づくりを、学校だけでなく地域社会へと広く求めるようになってきている取り組みとも言えます。そして、相談機関に足を運ぶ来所相談のほかにも、電話相談やＳＮＳを使った相談（メール相談）など、子どもや保護者が相談できる場所や方法も増えてきています。

　不登校の背景が多様化・複雑化している実態を踏まえると、このように支援の様相が変化してきたことは、必要かつ当然であると思われます。しかし、これらの取り組みは、支援を必要としている子

どもや保護者にどれだけ届いているのでしょう。次の調査の結果を見てください（文部科学省「令和元年度　児童生徒の問題行動・不登校等生徒指導上の諸課題に関する調査」）。

不登校で相談・指導等を受けた小・中学校の児童生徒数（複数回答）
・学校外で相談・指導等を受けた人数：6万4877人（35.8%）
・学校内で相談・指導等を受けた人数：8万5869人（47.4%）
・学校内・外で相談・指導を受けていない人数：5万3593人（29.6%）

　不登校の子どもたちの実に30%近くが、学校外の相談機関も、学校内の先生やSC・SSWの相談も、どちらも受けていません。支援を必要としている人たちにそれが届くよう、訪問など（アウトリーチ）の支援体制を含め、個々の事例に応じたきめ細やかな支援が求められているのだと思います。

⑸　**現場での実感**
　ここまでは、さまざまな調査のデータから、学校や子どもたちの置かれた状況について述べてきましたが、ここからは、学校や相談機関で実際に不登校の相談にかかわってきた経験から、感じたことや考えたことを述べていきたいと思います。
　先ほど、不登校でどこにも相談をしていない事例が30%近くもあると述べましたが、現場の実感としては、相談機関やSCに相談することに抵抗がなく、積極的に利用しようとする保護者や先生方も見られるようになってきたと感じます。二極化が進んでいるのでしょうか。
　積極的に利用しようとする保護者や先生方の中に「最近の子どもは…」と言う方がいます。しかし、本質的なところでは、今も昔も子どもは変わっていないと思います。子どもを取り巻く環境や、子

どもを見る大人側の視点に変化が起きているのではないでしょうか。

　例えば、保護者や先生方から「この子は発達障害ではないですか」「ＬＤ（学習障害）の傾向がありそうなのですが」「ＨＳＣ（High Sen-sitive Child：敏感でとても共感性が高く、生きにくさを感じている子ども）だと思うのですが」などの相談を受けることがあります。少し前には聞くことがなかった言葉が相談の中に出てきます。心理や発達の専門家が使っていた概念が広まってきて、新たな見方で子どもたちを見るようになってきたようです。その傾向はよいことですが、危うさもはらんでいるように思われます。たしかに、新たな見方で子どもたちを見るようになったおかげで、早くから適切な支援を受けることができたケースに出会うようになりました。ですが、診断をつけることにこだわり、「これはしようがないことなんだ」とあきらめてしまうケースもありました。

　また、「病気ではないですか？　病気ならば専門家に任せます」「何も話をしてくれないので、専門家（カウンセラー）としてこの子の本音を聞き出してください」などとお願いされることもあります。専門家の助けを借りることと、専門家に任せきってしまうことには、大きな違いがあります。周囲の大人が、自分たちには無理だから支援は専門家に任せようとかかわりをやめてしまうことで、子どもの基本的信頼感は損なわれます。

　小・中学校の時代は、基本的信頼感を土台として「生きる力」を獲得し育てていく大事な時期です。また、心も身体も大きく成長していく時期でもあります。ですから、不登校支援のみならず、子どもの「生きる力」を育むために、社会の変化に対応しつつも、手をかけ、目をかけ、子どもに寄り添っていく姿勢を、周囲の大人は、忘れずにもち続けていくことが大切なのだと思います。

2　高校における状況

次に、高校における不登校の状況を見ていきたいと思います。

(1)　高校生たちの変化は、社会の変化

生徒個々の発達の問題や福祉的な支援の問題などは、小・中学校の頃と基本的には変わりませんが、進学・就職等、自立的に社会に巣立つ力をつけて高校を卒業できることを目標にします。社会の変化、特に情報化の進展は、高校生の生活を大きく変化させたと思います。日本でも2010年を前後してスマホが普及し、生徒たちもＬＩＮＥやTwitterなどのＳＮＳやゲームアプリを日常的に利用するようになりました。

①学習機能や検索の便利さ

現在では、大半の高校ではスマホの持参を認めています。各自が、家庭や学校と連絡する必要があったり、時間管理をしたり、連絡メモを画像で保存したりなど、小学校時代の連絡ノートの指導を自分の力でできるようになることは、大人と同様に生活力につながるからです。

教育にも効率・数値化の原則が広がる中、授業中の便利さでは「検索」が断然トップです。電子辞書よりも、検索ツールを活用するためにスマホを授業中に使う生徒も出てきました。

また、動画にも慣れ、学習塾や予備校ではwebによる動画配信の授業が、忙しい生徒各自に対応できる便利さとして普及しました。

②人とのコミュニケーション

クラス仲間や友人とのＬＩＮＥなどＳＮＳによるメッセージのやりとりは、多くの家庭では高校入学前から許可されてきています。高校に入ると、部活動や学校行事に絡んでいっそう活用される場面

が多くなり、写真もアップされて共有されていきます。そうしたＳ
ＮＳ上のつながりが、生徒たちにとって大事なコミュニケーション
となっているのが現状だと思います。

③つながりとトラブル

　同時に、ＬＩＮＥなどＳＮＳでのトラブルも増えました。不登校
のきっかけになってしまうこともあります。顔を合わせて話してい
れば、その場で訂正したり謝罪したり感謝したり、すぐに言葉をか
けられる可能性もあります。送信された文面は残っているので、つ
らい気持ちで何度も見直し、悩みが重くなり、疑心暗鬼から抜け出
せなくなってしまう、大人の目には見えにくいやりとりです。

⑵　対人関係から不登校になった事例　Ｙさんの不登校に寄り添って

　対人関係から不登校になるケースは以前にもありましたが、現在
の高校生の対人関係のトラブルには、ＳＮＳが絡んでいることが多
いようです。以下、Ｙさんの事例に沿って、不登校の生徒へのかか
わりと、高校生の現状を見ていきましょう。なお、Ｙさんの事例は、
個人情報が特定されないよう、高校生によく起こるトラブルを用い
てあります。

　　Ｙさんは、中学校の部活動で部長として活躍して高校に入学し
　た。本人は、中学校で大変だったので高校では目立たない立場で
　過ごしたかったのだが、先輩や先生から頼まれ、部長になった。
　１年生の夏休み明けの日、突然登校できなくなり、欠席が続いた。
　　Ｙさんは、ずっと優秀で、両親のすすめるように進学を考えて
　いた。でも、この不登校によってすべてを失ってしまったかのよ
　うに感じ、さらにふさぎ込んでいた。

①問題解決よりもまずは現状を受け入れる

　高校生ともなると、問題を抱えても保護者に相談することを避けたがることがあります。友達とのトラブルを親に言いつけているようで、そんな自分を認めたくなかったり、自分で問題を解決するべきだと思ったり。また、保護者が心配しているのはわかっていても、騒ぎが広がることをおそれ、話さないこともあります。ですから、不登校の前兆にあたる状態や出来事が、外から見えにくくなりがちです。

　保護者も心配ですが、直接解決しようとするよりも、まずはじっくり子どもに寄り添い、家庭で安心できるように努めることが大切です。

　　周囲が「無理が重なったから休んだほうがいい」と、学校に行かないことを受け入れるようになると、Ｙさんも、担任や養護教諭には話をするようになった。

②丁寧に話を聴く

　学校ではまず事実関係を丁寧に聞きます。その際には、冷静に正確に、公平な立場で聞きます。その問題に困っていて動けない当事者の気持ちに寄り添いながら話を促します。部活動や学校生活を続けるうえで、Ｙさんのように、その集団に恐怖を感じて動けなくなっていることはよくあります。相手や集団の本人への影響を考え、冷静に共感的に話を聞きます。

　とはいえ、「誰にも話したくない」と自尊感が傷ついている場合もあります。そのようなときは、「誰にも知られたくないほどつらいことで、口にするのも嫌なのだ」と受け止めたうえで、「これからどうやって乗り越えていこうか、一緒に考えよう」と寄り添うしかありません。

③どうなりたいのか、考えを整理する

　次に、当事者である子どもはどうなりたいのかを確認します。「以前のとおりに仲良く楽しくしたい」のか、「皆がどう思っているか不安があるが、前のように平和に過ごしたい」のか、「相手を嫌っているけど、特にこちらにかかわってこないでほしい」のか。その生徒たちの関係性や問題の質によって、どうとらえていくのか、大事に話を聞きます。

　うまくいかないことがある、特にそれが人間関係のことの場合、どう解決していいのか悩みの渦に巻き込まれている状態です。1人で脱出できずにいると受け止め、かかわっていきます。

　　Yさんの目標は、「悪口を言われたことは嫌だけど、そのこと自体は解決できないから、自分は今までのように登校したい」となった。LINEも、最初のうちはどう思われているか不安で調べてばかりいたが、2年生になる頃には無視することもあった。保護者は、進路をどうするのかと先の問題を突きつけてきた。

　本人も、最初のうちはどうしても問題そのものに向き合って修復することばかりを考えがちですが、学校から離れてゆっくりする中で、その問題以外のことを少しずつやってみようという気持ちになれると、好転していきます。

　親の見通しによる意見もありますが、それはもう少しあとにして、まずは当事者の思いを受け止めます。

④数値化して未来へのイメージをつなぐ

　どうなりたいのか、少し先のことを考えるようになってきたら、そのためにできそうなことを一緒に相談します。なりたい自分を「10」として話してもらい、現状はいくつくらいか質問します。現状

から「10」に少し近づける数値を挙げてもらい、やれそうなことを考えようと相談にのります。

　不登校状態が長引いてこじれる際に、皆が自分をどう見ているのか、不安な状態にいます。そこで、クラスメートなどの周囲にはどう話しておこうか、本人と打ち合わせておきます。不登校で苦しんでいる子ども本人の秘密を守りつつ、周囲へのメッセージとして説明することは、本人にとっても集団にとっても大切です。クラスの仲間には「今はうまく話せない様子でつらそうだけど、そっと待っていてほしい」という思いを伝えます。そして、本人と安心できる方法を相談しながら、クラスにつなげていきます。

　　Yさんは1年生の2学期から3年生にかけて、定期考査などをきっかけに、「保健室に行ってみよう」「考査時間だけ教室に行ってみよう」「学校行事だけ行ってみよう」などと、動けそうなときは登校したが、単位取得できない科目は「高等学校卒業程度認定試験」を受け、3年生の2学期に退学。しかし、卒業式の日に保健室に来て、「美術を勉強しながら次の道を考えたい」と話していた。

⑤小さなタイミングを大事に

　Yさんは、「自分はいつも頑張っていることが認められる明るい人間でいなくてはいけない」とずっと思ってきたようですが、無理して理想の自分を演じるには限界がありました。受験期に登校するのはつらすぎたようです。それでも、こうした丁寧なかかわりの中で、次の道を自分で切り開いていく強さは育ったように思います。

(3)　大人社会に学ぶ思春期と学校

　高校生は行動範囲が広がり、学校で授業の他にも、将来に続く、

自立した大人になるための基礎を活発に築く時代に入ります。その一方で、大人になることに不安を感じたりします。

　身近な保護者の価値観や生活スタイルは特に影響します。自分のよきモデルであり、感謝しつつも、批判的な視点を抱くこともあります。自立して社会で活躍する視点を獲得していく時代に、学校には集団の中で生徒の成長にかかわり、家庭と連携して自立を支援できるよさがあります。成長期でのつまずきから不登校になる生徒も、学習や障害に問題をもつ生徒も、学校では個別に学ぶだけではなく、社会と同じように集団の中で予防的・開発的に成長する機会があるのです。コロナ渦もあり、デジタル化を迫られ課題の多くなる学校ですが、効率重視だけではない学校の利点は、生身のリアルな人間集団の交流を体験できることにあります。

　生徒たちは、自分の感覚ばかりに過敏に反応しがちで、スマホとの時間が多くなりすぎ、リアルな生活が実感できていないかもしれません。困ったときに、誰に助けを求めていいか、自分の殻の中に閉じこもっているばかりで、どうしたらよいか、助けを求めることに慣れていないかもしれません。

　学校のスタイルも多様化してきています。学校はwebの向こうの人間関係だけではなく、生身のリアルな人間の集団で活動する中で、授業も生き方も学べる場です。それは家族とはまた異なる同年代の子どもたちの個性によって支え合える場でもあります。社会に羽ばたく前の子どもも、大人も、多様な人格を認め合える場で、それぞれの人が成長する場である学校はどうあればいいか、それぞれが考えるときにいるのではないでしょうか。

第3章
不登校にかかわる
教育行政の変遷

【第3章　ナビゲート】

　行政文書や通知文を読む作業は、どちらかと言えば苦手な方が多いのではないでしょうか。

　しかし、それらを簡略にまとめた本章を読んでいただくと、教育行政の変遷の内容は、不登校の子どもたちやその保護者が、教育相談担当の教員やスクールカウンセラー、学級担任などとともに格闘し、一緒に乗り越えてきた過程（認知の変化）そのもののように思われることと思います。

　これら不登校への格闘のあまたの積み重ねが、多くの人を動かし、教育行政を動かした結果ということなのでしょう。

　それは、行政による事実の追認と言ってしまえばそのとおりかもしれませんが、まさに個は社会に通じていると言えるのだと思います。

　さて、紹介する通知の中に2005年に文部科学省が出した「不登校児童生徒が自宅においてＩＴ等を活用した学習活動を行った場合の指導要録上の出欠の取扱い等について」という通知文があります。条件付きですが、すでに2005年の時点で、情報通信機器を使った学習活動を出席扱いとし、その成果を評価に反映することができるとされていたことがわかります。不登校対応において、まさに先駆的な通知であったと言えるのではないでしょうか。

1 教育全体に関する政策の変遷

　『上手な登校刺激の与え方』（小澤、2003）の出版される少し前の時代から、教育全体に関する政策の変遷について、その大きな流れを見ていきましょう。

　まず、1996年、中央教育審議会が「ゆとり教育」への方向を示す答申を出しました。「生きる力」という言葉も、この答申の中に初めて盛り込まれました。1998年には、「脱詰め込み教育」（①学習内容の約3割削減、②学校週5日制の完全実施に合わせた授業時間の削減、③「総合的な学習の時間」の新設、④絶対評価の導入）を目指した新たな教育体制が生まれ、2002年、「ゆとり教育」をスローガンとする学習指導要領（小学校）が実施されました。さらに教育を取り巻く環境の変化に対応するため、2006年、「生涯学習の理念」や「家庭教育」などの概念を新たに条文に加えた改正教育基本法が成立します。

　一方、2007年、ＯＥＣＤが進める「学習到達度調査（ＰＩＳＡ）」などの国際的な学力調査で、日本の子どもたちの学力低下が明らかになったとして、文部科学省が小学校6年生と中学校3年生を対象に43年ぶりに全国学力テストを実施。また、教育再生への取り組み強化のため設置された「教育再生会議」が第1次報告でゆとり教育の見直しなどを提言し、その結果、「脱ゆとり教育」を謳った学習指導要領が、2011年度（小学校）から実施されます。

　また、2010年、高等学校の授業料が実質無償化（2013年、所得制限を設け見直された）となりました。

　2011年は東日本大震災・福島第一原発事故が発生した年です。同年4月から、小学校5・6年生で英語が必修となりました。

　2013年には、滋賀県大津市で起きたいじめ自殺事件をきっかけに

「いじめ防止対策推進法」が成立します。

　2015年、不登校の小・中学生はおよそ12万人。文部科学省が初めて行った調査^{注2}で、フリースクールなど学校ではない民間施設は全国に少なくとも474か所、そこで学ぶ子どもが約4200人に上るという結果が公表されました。

　2020年、後を絶たない児童虐待問題を受け、親権者などによる体罰を禁止する「改正児童虐待防止法」が施行されます。

　そして2020年は、2019年末に確認された新型コロナウイルス（COVID-19）の感染が世界的大流行となりました。日本でも感染拡大防止のため、約3か月にわたり全国の小・中・高等学校が臨時休校。緊急事態宣言が発出。学習面・体力面・精神面で子どもたちにも大きな打撃を与えています。子どもたちの学習権の保障や学校の存在意義が問い直されています。

2　社会状況の変化　情報機器の普及・発達

　この約20年間、「自然災害や感染症への懸念」「少子・高齢化」「グローバル化」「情報化」「高学歴化」が加速しています。

　最も変化が大きかったのは、インターネットや携帯電話など情報関連機器の普及・発達です。2000年当時、インターネットの世帯利用率は30％前後でしたが、現在は90％を超えています。2008年にはスマートフォン（以下、スマホ）が上陸。2013年には「コミュニケーションアプリＬＩＮＥ」の世界での加入者が1億人突破（日本では2020年に8400万人、全人口の66.7％）。2019年時点で小学生の49.8％、中学生の75.2％、高校生の97.1％がスマホを所有。2020年7月には、それまで小・中学校への携帯電話の持ち込みを原則禁止^{注3}していた文部科学省が、災害時等の連絡と防犯手段として中学校への持ち込みを条件付きで認める通知を発出しました。^{注4}

そして、インターネット利用者の低年齢化やＳＮＳ等に起因する
いじめやトラブル、犯罪被害もこの20年間で急増しました。インタ
ーネット利用時間は年々長くなる傾向にあり、日常生活に支障をき
たし、専門家の治療を必要とするケースも出てきています。

3　不登校をめぐる状況の変化

⑴　不登校児童生徒数の推移

　文部科学省「令和元年度 児童生徒の問題行動・不登校等生徒指
導上の諸課題に関する調査」によると、2019年度の小・中学校にお
ける不登校児童生徒数は18万人を超えました（図3-1）。在籍児童
生徒数が減少しているにもかかわらず、不登校児童生徒数は7年連

図3-1　小・中学校の不登校児童生徒数の推移 (国公私立)

図3-2　小・中学校の全児童生徒数と不登校の子の割合の推移

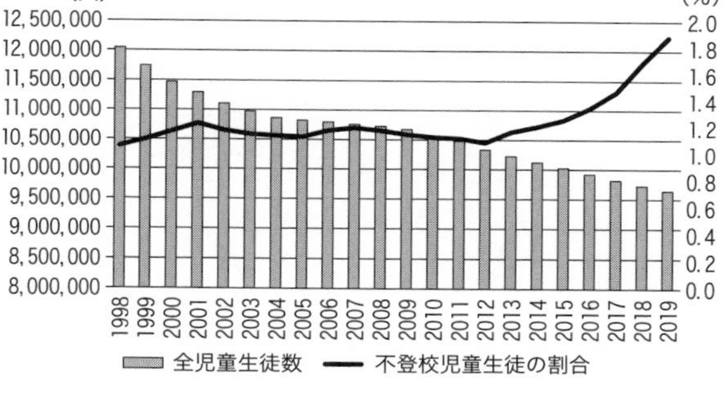

図3-3　高校の不登校生徒数の推移（国公私立）

凡例：■ 不登校生徒数　── 出現率

図1、図2、図3とも、文部科学省「令和元年度　児童生徒の問題行動・不登校等生徒指導上の諸課題に関する調査結果報告書」より作成

続で増加しています（図3-2）。

　同じ調査で、高等学校における不登校生徒数は5万人を超え、出現率（不登校生徒の割合）は約1.6％となっています（図3-3）。

　では、国や文部科学省は、不登校をどのようにとらえているのか。それが示されているのは、2019年10月25日に出された「不登校児童生徒への支援の在り方について（通知）」です。この「通知」は、1990年代から2018年までに発出された文部省・文部科学省の不登校への対応や支援の在り方についての4通の「通知」を、誤解の生じやすいところを整理し、改めてまとめたものです。この2019年の「通知」では「不登校児童生徒への支援に対する基本的な考え方」の概要は次のようになっています（筆者要約）。

⑴ 支援の視点
・「学校に登校する」という結果のみを目標にしない
・児童生徒が社会的に自立することを目指す
・児童生徒によっては不登校が積極的な意味を持つ
・学業の遅れや進路選択上の不利益や社会的自立へのリスクが存在する
⑵ 学校教育の意義・役割
・社会において自立的に生きる基礎を養う場として学校の役割はきわ

めて大きい

・学校関係者や家庭、必要に応じて関係機関が情報共有し、組織的・計画的な、個々の児童生徒に応じた支援策を策定することは重要

・社会的自立へ向けて進路の選択肢を広げる支援の重要性

・本人の希望を尊重した上で、教育支援センター、ＩＣＴを活用した学習支援、夜間中学やフリースクールなどの民間施設やＮＰＯ等を活用し、連携する意義は大きい

⑶ 不登校の理由に応じた働きかけや関わりの重要性

・主体的に社会的自立や学校復帰に向かうよう、児童生徒自身を見守りつつ、不登校のきっかけや継続理由に応じて、その環境づくりのために適切な支援や働きかけを行う

⑷ 家庭への支援

・保護者の個々の状況に応じた働きかけを行うことが重要

・家庭と学校、関係機関の連携を図ることが不可欠

・保護者と信頼関係をつくることや、保護者が気軽に相談できる体制を整えることが重要

　どのような通知や諮問機関からの報告を経て、この「通知」へとたどり着いたのか。ここまでの約30年間を簡単に振り返ってみましょう。

⑵　不登校のとらえ方の変化

　1992年の「学校不適応対策調査研究協力者会議」の報告書において、不登校は、「何らかの心理的、情緒的、身体的、あるいは社会的要因・背景により、児童生徒が登校しないあるいはしたくともできない状況にあること（ただし、病気や経済的な理由によるものを除く）」と定義されました（現在もこの定義が用いられています）。同会議の報告書では、「不登校はどの児童生徒に起こりうるもの」とと

らえ、「学校への復帰」を目指すが、強い登校刺激は避け、自立を促す視点をもつという方針が示され、それまでの「登校促進」から「見守り」へと姿勢転換します。

　その報告を受け、文部省は1992年の通知「登校拒否問題への対応について[注6]」で、「『心の居場所』としての役割」や「適応指導教室（教育支援センター）の設置の推進」などの施策を進めました。また、1995年度に「スクールカウンセラー活用調査研究委託事業」（2001年度から、「スクールカウンセラー等活用事業補助」）を開始。初年度は全国で154校に配置（2017年度は２万6337校に配置）されました。

　しかし、中学校の不登校生徒数は、1992年の約６万人から、2000年には約10万人へと急増しました。

(3)　「見守り」から「かかわり」へ

　2001年度、不登校児童生徒数が過去最多を更新。文部科学省はこの状況を踏まえ、2002年に「不登校に関する調査研究協力者会議」を発足。翌2003年３月の報告書[注11]で、「登校するという結果のみを最終目標にするのではなく、児童生徒が自らの進路を主体的にとらえ、社会的に自立することを目指す」「ただ待つだけでは、状況の改善にならない」としています。この趣旨を踏まえ、同年５月の「通知[注7]」では、不登校に対する基本的な考え方として、「①将来の社会的自立に向けた支援」「②連携ネットワークによる支援」「③将来の社会的自立のための学校教育の意義・役割」「④働きかけることや関わりを持つことの重要性」「⑤保護者の役割と家庭への支援」の５つの視点が示されました。90年代の「見守り」の姿勢は、2000年代に入り、「社会的自立」をキーワードにした「積極的な関わり」という方針に見直されていきます。

⑷　さまざまな不登校対策

　2005年7月、学校教育法施行規則の一部改正により、特別な教育課程を編成する学校（不登校特例校）を5校指定（2019年12月現在、12校指定〔公立5校、私立7校〕）しました。

　また、同じ月に、不登校児童生徒が家庭等でICT（情報通信機器）を活用した学習を行う際、指導要録上の出席扱いとすることを認める「通知」が出ています。この「通知」の先駆性については本章の【ナビゲート】でも触れました（しかし、「児童生徒の問題行動・不登校等生徒指導上の諸課題に関する調査」によると、2018年度にこれを活用した事例は、不登校児童生徒数16万4528人に対して286人だけでした）。

　2008年には「スクールソーシャルワーカー活用事業」がスタート。教育分野に関する知識に加えて、社会福祉等の専門的な知識や技術を有する人材の配置（2017年度の対応学校数1万5485校）が始まります。

　高等学校の不登校対策としては、2009年、通信の方法を用いた教育によって36単位を上限として単位認定を行うことができるとしました。

　2012年、国立教育政策研究所は「不登校・長期欠席を減らそうとしている教育委員会に役立つ施策に関するQ＆A」を作成。エビデンス（科学的根拠）に基づいた正しい情報を提供し、効果的な施策を講じてもらうことを目的としています。

⑸　不登校は問題行動ではない

　2016年7月、「不登校に関する調査研究協力者会議」最終報告の「不登校児童生徒の将来の社会的自立を目指し、一人一人の不登校に至った状況を受け入れ、共感し、寄り添い、その児童生徒にとって『最善の利益』が何であるのかという視点」「学校・家庭・社会が

不登校児童生徒に寄り添い共感的理解と受容の姿勢を持つこと」「周りの大人との信頼関係を構築していく過程が社会性や人間性の伸長につながり、結果として、社会的自立につながる」などを受け、文部科学省は同年９月、不登校は問題行動ではないこと、学校復帰という結果のみを目標にしないこと、社会的自立を目指すこと、不登校の積極的な意味と登校することの意義、不登校の理由に応じた働きかけや関係性の重要性などを示した「通知」を発出しました。

この年度から、文部科学省の長期欠席などに関する調査のタイトルが「児童生徒の問題行動等生徒指導上の諸問題に関する調査」から「児童生徒の問題行動・不登校等生徒指導上の諸課題に関する調査」に変わり、ここでも、不登校が問題行動に含まれないことを示しました。

⑹　教育機会確保法

2017年２月、不登校児童生徒への支援について初めて体系的に定めた「義務教育の段階における普通教育に相当する教育の機会の確保等に関する法律」（通称、教育機会確保法）が施行されました。不登校児童生徒等に対するＩＣＴを活用した学習支援など教育機会の確保と、夜間やその他の特別な時間において授業を行う学校における就学の機会の提供をねらいとしています。

この法律を踏まえて文部科学省は、中学校夜間学級（夜間中学）を少なくとも各都道府県に１校は設置するよう求め、多様な生徒の受け入れ拡大を進めています（2020年現在、文部科学省の調べでは、10都府県28市区に34校設置）。不登校の中学生が希望すれば、夜間中学で受け入れることも可能です。しかし、同じく文部科学省の調査では、不登校の中学生の受け入れはまったくなく、８割は日本国籍を有しない生徒で、夜間中学の８割近くは不登校生徒の受け入れに向けた検討をしていません。

(7) まとめ

このような流れの後、2019年10月に先述の「不登校児童生徒の支援の在り方について（通知）^{注5}」が発出されました。不登校対応のためにも、ぜひ全文を文部科学省のホームページなどで読んでおくとよいでしょう。

また、2015年4月より、高等学校の全日制・定時制課程における遠隔授業が正規の授業として制度化されました^{注17}。2019年度は35校、105科目で導入されています。

2019年12月には、文部科学省は「GIGA（Global and Innovation Gateway for All）スクール構想」を打ち出しました。「児童生徒1人1台の端末」と「高速・大容量回線の校内LAN環境」の整備が進められています。

以上のように、2000年頃から現在までの学校を取り巻く社会状況、不登校のとらえ方、国の施策は大きく変化しています。

ひとり親家庭、共働き世帯の増加など、家族形態の変容やつながりの希薄化等の変化もあります。生活保護世帯の増加に見られる「子どもの貧困」問題も深刻化してきています。

不登校児童生徒数の増加に加え、いじめ認知件数や暴力行為等の問題行動、特別支援学級・特別支援学校に在籍する児童生徒数の増加、多様な児童生徒への対応など、学校を取り巻く環境は複雑化・困難化を極めています。教員だけで対応することは、質的な面でも量的な面でも難しく、活用できる資源を十分活かし、連携を図りながら「チーム学校」として対応することが求められています。

注1　「21世紀を展望した我が国の教育の在り方について」（1996年7月19日　中央教育審議会）

注2　「小・中学校に通っていない義務教育段階の子供が通う民間の団体・施設に関する調査」（2015年8月5日発表　文部科学省）

注3　「令和元年度 青少年のインターネット利用環境実態調査結果」（2020年4月　内閣府）

注4 「学校における携帯電話の取扱い等について」（2009年1月31日　文部科学省初等中等教育局長通知）

注5 「不登校児童生徒への支援の在り方について（通知）」（2019年10月25日　文部科学省初等中等教育局長通知）

注6 「登校拒否問題への対応について」（1992年9月24日　文部省初等中等教育局長通知）

注7 「不登校への対応の在り方について」（2003年5月16日　文部科学省初等中等教育局長通知）

注8 「不登校児童生徒が自宅においてIT等を活用した学習活動を行った場合の指導要録上の出欠の取扱い等について」（2005年7月6日　文部科学省初等中等教育局長通知）

注9 「不登校児童生徒への支援の在り方について」（2016年9月14日　文部科学省初等中等教育局長通知）

注10 「登校拒否（不登校）問題について―児童生徒の『心の居場所』づくりを目指して」（1992年3月13日　学校不適応対策調査研究協力者会議）

注11 「今後の不登校への対応の在り方について」（2003年3月　不登校に関する調査研究協力者会議）

注12 「不登校児童生徒等を対象とした学校設置に係る教育課程弾力化事業」の全国化（2005.7.6文科省初等中等教育局長通知）

注13 「高等学校の全日制課程及び定時制課程における不登校生徒に対する通信の方法を用いた教育による単位認定について」（2009年3月31日　文部科学省初等中等教育局長通知）

注14 「不登校児童生徒への支援に関する最終報告～一人一人の多様な課題に対応した切れ目のない組織的な支援の推進～」（2016年7月　不登校に関する調査研究協力者会議）

注15 「義務教育の段階における普通教育に相当する教育の機会の確保等に関する基本指針」（2017年3月31日　文部科学省）

注16 「令和元年度 夜間中学等に関する実態調査」（2020年　文部科学省）

注17 「学校教育法施行規則の一部を改正する省令の施行等について」（2015年4月24日　文部科学省初等中等教育局長通知）

〈引用・参考文献〉

保坂亨（2019）『学校を長期欠席する子どもたち』明石書店

河合敦（2018）『日本史は逆から学べ―近現代集中講義』光文社

国立教育政策研究所生徒指導研究センター（2009）『生徒指導上の諸問題の推移とこれからの生徒指導』生徒指導資料第1集（改訂版）、ぎょうせい

教育再生実行会議（2015）「第33回会議 参考資料2　不登校等の子供への教育について」https://www.kantei.go.jp/jp/singi/kyouikusaisei/dai33/sankou2.pdf

小澤美代子（2003）『上手な登校刺激の与え方―先生や家庭の適切な登校刺激が不登校の回復を早めます』ほんの森出版

小澤美代子編著（2006）『〈タイプ別・段階別〉続 上手な登校刺激の与え方』ほんの森出版

第2部

不登校への標準対応

【第2部　ナビゲート】

　第1部でまとめた【不登校への基本対応】は、特に個別臨床においては、いまだに色褪せることなく十分に通用するものであることを私たちは確認しました。

　しかしながら、それは教育センターの教育相談部門からの発信であっただけに、学校教育相談という大きな括りの中では足りない部分があったことも事実です。第2部では、その足りなかった部分を補足し、現代的な視点を加えながら【不登校への標準対応】としてまとめました。かつて小澤（2003、2006）は「登校刺激」と「見立て」をキーワードに不登校に挑みましたが、私たちは今回、「自立」をキーワードに選び、再び不登校に臨もうと考えました。

　まず第4章では、第2部のテーマである【不登校への標準対応】とその流れについてまとめました。総論であると同時に、章全体が第2部のナビゲートでもあります。第5章から第12章は、いわば各論ですので必要なところからお読みください。

　第5章では、不登校支援と自立をキーワードに、学校の教育活動を再確認していきます。学校の教育活動には、そもそも不登校を予防したり支援したりする仕組みが内在化されていると言えます。

　高い不安をもつ子どもは、不登校のリスクがあると考えら

れます。第6章では、認知行動療法に基づく不安の予防教育プログラム「勇者の旅」を紹介します。

　これまで不登校の子どもについて理解しようとするとき、どちらかというと子ども個人の要因に注目する傾向がありました。しかし不登校は、子どもを取り巻く環境によっては、どの子どもにも起こり得ます。第7章では、子ども個人と子どもを取り巻く学級集団とのマッチングという視点から、アセスメントの方法とその活用を考えていきます。

　不登校へのかかわりは「チーム学校」での取り組みが重要になっています。第8章では、登校促進のための校内資源等の活用の仕方を紹介します。

　第9章は、不登校からの復帰促進のために最も協力・連携したい保護者との信頼関係の構築について述べた章です。保護者の不登校受容過程と子どもの不登校回復過程とを重ね合わせて考えます。

　発達障害があるから不登校になるわけではありませんが、適切な支援が受けられなかったり、環境が合わなかったりする状況の中で、二次障害として不登校になる場合があります。第10章では、発達障害の二次障害としての不登校への対応を考えます。

　第11章では、いじめによる不登校をどのように防ぐかを紹介します。いじめによる不登校への対応では、特に初期対応が重要になってきます。

　最後の第12章では、「親子のための契約書」づくりを通して、ネット依存・ゲーム依存の予防と、そこから派生する不登校への対応について考えます。

不登校への標準対応の概要

【第4章　ナビゲート】

　この章では、第1部で紹介した【不登校への基本対応】に予防開発的な側面や集団対応的な側面を加味し、発達障害やいじめへの対応も加えた【不登校への標準対応】の概要を提示していきます。さらに【不登校への基本対応】に〈ステップ0〉を補足することで、個別対応としての基本対応をより充実したものにしています。

　本章では、まず学校教育活動全般を、「学校へのつながり」を強化する方向で見直すことを提案します。「学校へのつながり」の保護因子を大きくし、リスク因子を小さくしていくことが、不登校を生まない第一歩だと考えるからです。また、グループワークの3段階を提唱し、「対話的な学び」の促進を図りながら、子どもたち同士のつながりの強化を図る取り組みについても述べます。グループ活動の充実は、不登校からの復帰を促進する集団づくりに不可欠な取り組みとなるでしょう。

1　登校促進と登校刺激

　1992年の「学校不適応対策調査研究協力者会議」において、不登校は、「何らかの心理的、情緒的、身体的、あるいは社会的要因・背景により、児童生徒が登校しないあるいはしたくともできない状況にあるため年間30日以上欠席した者のうち、病気や経済的な理由に

よる者を除いたもの」と定義されました。[注1]

　これによれば、不登校とは一部の除外を除いて年間30日以上欠席した者ということになります。そして、第１選択としての【不登校への基本対応】、つまり上手な「登校刺激」を適用する際のポイントを述べたのが本書の第１部です。

　ただし、この除外者の中にも潜在的な不登校と呼べる者が存在することは、第２章でも述べたとおりです。それらを含めた実際の対応としては、不登校になってからの事後の働きかけの前に、不登校にならないようにする事前の働きかけである教育的予防としての「未然防止」があります。国立教育政策研究所の「生徒指導リーフ」の中では、この「未然防止」について、授業や行事等の工夫や改善を基本として「特定の児童生徒を想定せず、全ての児童生徒を対象に学校を休みたいと思わせない『魅力的な学校づくり』を進めること」と述べられています。[注2]これは不登校に限らず学校や子どもたちが抱えるさまざまな課題に対する共通した予防として、とても重要なことです。そして注目すべきことは、未然防止には「登校促進」の機能があるということです。

　また、不登校だった子どもが復帰時期の段階になったとき、迎え入れる学校（学級）が戻ってもいいなと思える集団になっているかどうかも重要です。この復帰時期の登校促進は、あえて別の言葉で「復帰促進」と呼んでもよいと思います。同じ登校促進でも、機能に違いがあるからです。

　ですから、この登校促進の機能は、不登校を出さないための集団づくりと学校復帰が実現しそうな段階での集団づくりの２つの部分にかかわっているということになります（このあたりについては、第７章で詳しく扱います）。この２つは、集団づくりの具体的な対応としては大きな差はないと思われてきたので、今までは、はっきりと意識して分けられてはきませんでした。しかしながら、２つの場

面での集団の機能には違いがあるので、むしろ意識的に区別して集団づくりに臨む必要があります。

　また、未然防止としての集団づくりが適切に行われたとしても、不登校は減ることはあってもなくなることはないでしょう。不登校の背景には、社会の抱える構造的な問題があるからです。そのときには、第１部で述べた【不登校への基本対応】で個別臨床的対応がとられることになります。そして、その最終的な段階においては復帰促進にかかわる集団づくりがどうしても必要となります。

　このように、本章で述べる「登校促進」と「復帰促進」の集団づくりの部分と、第１部の【不登校への基本対応】での「登校刺激」の部分を組み合わせたものが、本書で示そうとしている【不登校への標準対応】なのです。

【不登校への標準対応】ポイント１

①学校での集団づくりには、不登校対応としての登校促進の意味もある。

②登校促進のための集団づくりには、未然防止のための集団づくりと復帰促進のための集団づくりがある。

・未然防止のための集団づくりは、できるだけ不登校を生み出さないことが目的

・復帰促進のための集団づくりは不登校からの復帰を十分に受け入れられることが目的

　未然防止と復帰促進の集団づくりの違いを述べてきましたが、それは経済活動にたとえて言うならば、未然防止は高度経済成長期の対応であり、復帰促進は経済安定期の対応だということです。未然防止の集団づくりがみんなで一致団結して新たなものをつくり出そう、元気をつくりだそうというようなイメージだとすると、復帰促

進の集団づくりはいろいろなものをゆっくりと取り入れていく落ち着いたイメージと言い換えてもいいかもしれません。それぞれに見合った手法の選択が必要となります。

2 土壌づくり

大野（1997）は「学校という時空間をたがやす」活動として学校教育相談をとらえました。さらに加えて言うならば、子どもの成長と発達を促すこの土壌づくりという活動は、"地域で子どもの養育を担う"という社会的養護の考え方にもつながっています。

いずれにしてもその意味するところは、本書との関連で言えば不登校を生みにくくするような学校（学級）、つまるところそれは、子どもたちの多様性を受け入れられるような学校（学級）の土壌づくりということでしょう。現在のインクルーシブ教育やダイバーシティの考え方に通じるところです。ですからここでは、学級のアセスメントが非常に重要になります（学級のアセスメントについては、第7章で取り上げます）。

また、現在どこの学校でも行っている学校評価アンケートなども、学校のアセスメントとしての意味をもつもので、とても重要です。このようなアンケートでは、学習や生徒指導など教育内容の質にかかわる部分だけでなく、施設設備の整備状況や学校にかかわる制度についてもアセスメントできます。土壌づくりには、この施設設備面の充実ということも重要になります。そして、健康観察をはじめとして、子どもたちの日常の観察等もあわせて形骸化させることなく有効に活用していくことが望まれます。

これらの結果を子どもたちの日常の授業や各種行事にも反映させながら、前節で述べたような集団づくりも加味して、学校という時空間をたがやしていくことになるのだと思います。また、その隙間

を埋めるのが個別臨床的な取り組みとも言えます。

　それらを通して、学校や学級へのつながりの意識を高めていくことが、不登校対応にとっても必要なことだと思われます。

3　「学校へのつながり」の保護因子とリスク因子

　不登校予防の観点からの教育的予防（「魅力的な学校づくり」）を進めるにあたって重要となるのは、「学校へのつながり」を大切にするということです。子どもたちの社会的自立を促がすうえで最も重要となるのは、第5章でも述べられる学校という場と学校で行われるさまざまな教育活動そのものです。

　かつて筆者もかかわった千葉県高等学校教育研究会教育相談部会でまとめた「いじめ予防と取り組む ～精神保健の視点から～」（2015年）の中で、この「学校へのつながり」の保護因子とリスク因子を表4-1のようにまとめました。これはいじめ予防に視点を置いたものでしたが、不登校でも基本的には同じことが言えます。

　つまり、不登校の未然防止としても、学校における教育活動全体を通して、常に保護因子を大きくし、リスク因子を小さくしていくということを意識した取り組みが必要となります。この観点から1年間の学校行事を見直したものが表4-2です。ここでは高校の取

表4-1　「学校へのつながり」の保護因子とリスク因子

保護因子　（　）は略語	リスク因子　（　）は略語
・良い仲間集団（良仲）	・低学力（低学）
・教員とのかかわり（教員）	・対人関係への困難さ（対人）
・活躍できる場（活場）	・社会性の低さ（社会）
・帰属意識（帰属）	・悪い環境設備（悪環）
・良い習慣（良習）	・悪い仲間集団（悪仲）
・将来への展望（展望）	・学校への低い評価（低評）

表4-2　年間の学校行事に見る保護因子とリスク因子

時期	行事・企画	目的	強化される保護因子*	軽減されるリスク因子*
1学期	入学説明会	新生活への不安軽減	良仲・教員帰属・展望	
	始業式			
	入学式			
	保護者懇談会	保護者との関係づくり	教員	
	学級開きのLHR	生徒との関係づくり	良仲・教員帰属	対人
	新入生オリエンテーション	新生活への不安軽減	帰属・良習展望	
	生徒面談週間①	生徒の状況把握	教員・良習	悪仲
	校外学習	生徒間の関係づくり	良仲・活場帰属	対人・社会
	LHR・総合的な学習の時間	いじめをテーマに	良習	
	「心の健康調査」①	生徒理解		対人
	「Q-U」調査①	生徒・学級理解	教員	対人
	生徒総会	いじめ撲滅宣言	活場・帰属	
	保護者面談週間①	家庭との連携	教員	低評
	「いじめアンケート」①	実態把握・抑止	良仲・良習	悪仲
	夏休み前講演会（保護者）	保護者の不安軽減	教員・良習	悪仲・低評
	終業式			
2学期	生徒面談週間②	休業後の変化把握	教員・良習	悪仲
	文化祭	生徒間の関係づくり	良仲・教員活場・帰属	対人・社会
	体育祭	生徒間の関係づくり	良仲・教員活場・帰属	対人・社会
	「いじめアンケート」②	実態把握・抑止	良仲・良習	悪仲
	「心の健康調査」②	生徒理解		対人
	「Q-U」調査②	生徒・学級理解	教員	対人
	修学旅行	生徒間の関係づくり	良仲・教員活場・帰属	対人・社会
	保護者面談週間②	家庭との連携	教員	低評
3学期	生徒面談週間③	休業後の変化把握	教員・良習	悪仲
	「いじめアンケート」②	実態把握・抑止	良仲・良習	悪仲
	卒業式			
	終業式			

*右2つの欄の保護因子・リスク因子は、表4-1の略語を使用

り組みが中心となっていますが、小学校や中学校でも同様のことが必要となります。

　もちろん、このほかにもさまざまな行事があるでしょうし、構成的グループエンカウンター（ＳＧＥ）やソーシャルスキルトレーニング（ＳＳＴ）、ピア・サポートなどのグループ活動を行っている学校も多いと思います。それぞれの内容について本書では具体的に述べませんが、それぞれの実施目的に照らしながら、そして保護因子の増大とリスク因子の減少に注意を払いながら、あらゆる教育活動を行っていくことを心がけたいものです。

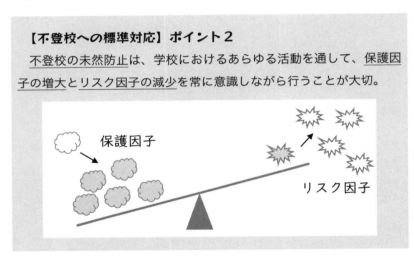

【不登校への標準対応】ポイント２
　不登校の未然防止は、学校におけるあらゆる活動を通して、保護因子の増大とリスク因子の減少を常に意識しながら行うことが大切。

4　集団活動における留意点

(1)　２段階の集団活動

　学校では子どもたちが集団において活動していくことで成長していく機会がたくさんあります。そのとき、行事や部活動などの集団活動が一般的でしょうが、その前に、集団での実施ではあるけれども、実際の内容は個々が行う活動について考えてみます。

例えばアンケート調査などがそうですし、１人１台のタブレットなどを利用した個別最適化学習なども、場合によってはそれに近いものだと思われます。

　こうした集団で実施するけれど基本的には個人の作業になる活動には、いろいろなプログラムがあります。本書で紹介している認知行動療法に基づく「勇者の旅」もその１つです。この集団で実施する個人作業のプログラムは、個々人の不安の軽減というメンタルヘルスの向上に大きな意味をもち、不登校の未然防止にも有益です。そして、いわゆる土壌づくりとして行われる開発的な教育相談の中で多用されるＳＧＥやＳＳＴなどがより効果的に行えるためには、とても重要な取り組みとなります。その意味では、土壌づくりのさらに大前提となる開墾の作業とも言えます。

　そして次に、この開墾された土壌をどんな道具でたがやしていくのかということになります。通常は、その道具（ツール）が、各種の学校行事や授業、部活動や清掃などのさまざまな集団活動になります。それだけでは不十分な場合に、他の特殊な道具でたがやしていくことになります。その特殊な道具としてＳＧＥが適切なのか、ＳＳＴなのか、ピア・サポートなのか、あるいはプロジェクトアドベンチャー（ＰＡ）など他のものなのか、ということになります。

　土壌の状態に合わせた道具の選択あるいは組み合わせは大変重要です。この道具の選択にとって欠かせないのが、第７章で述べられているアセスメントです。

　アセスメントには各種検査の他にも、学校で日常的に行われている健康観察をはじめとする各種の観察（授業や給食、清掃時などなど）、あるいは感想文や絵などの作品、朝読書の時間に選んだ本など、素材には事欠きません。アセスメントを行うには、学校は資料の宝庫です。反対に多すぎて、本来見えるものまで見えなくなってしまうこともあるかもしれないので、その資料の山に埋もれてしま

わないように注意しましょう。

そして、使用した検査の結果に日常観察の結果等も加味して、例えばＳＧＥなどの手法の中でも、さらにどのようなエクササイズ（手法により呼称はワーク、アクティビティー、プログラムなどさまざまです）を使用するのが効果的かを判断していきます。不登校の未然防止のための集団づくりには、この手順が大事です。

たがやすための道具は、土壌の状態に合わせて、より適切なものを選択しましょう。

【不登校への標準対応】ポイント３

①まずは、個々のメンタルヘルスを高める

・集団を扱う前に個々の力を高めておく（例えば不安軽減のための「勇者の旅」プログラムの使用など）という開墾作業が重要。

②次に、段階を追った集団づくりを進める

・適切なアセスメントを行い、その結果に対して適切な道具（ツール）を選択して、段階を追って進める。

＊ツールの選択の事例

かつて文部科学省の高等学校における発達障害支援モデル事業を行った高等学校での事例を紹介します。

この学校は、卒業時に生徒が入学時の70％程度しか残らなかったり、学年に25％程度30日以上の長欠の生徒がいたりという状況でした。そうした中で、教員による生徒の日常観察と、モデル事業で研究講師を依頼した大学教員との合同のアセスメントの結果、社会性を見る「KiSS-18」という調査を全校生徒に実施し、その結果から「人からものを頼まれたときに上手に断るスキル」を中心にＳＳＴを実施しました。「KiSS-18」から、人から何かを頼まれてそれができないときに、うまく断る術をもっていない生徒

が多いということがわかったからです。

　生徒たちの状況のアセスメントから、そのときに最も必要なツールを選び、当面の状況改善を図ったのです。ツールの選択とは、このようなイメージです。

⑵　グループワークの３段階

　さて、集団づくりを行っていく中で、さまざまなグループワークを効果的に実施するには一工夫が必要です。班ごとの話し合いを中心とするような、授業で活用するグループ活動についてはなおさらです。

　授業でのグループ活動を、登校促進に有効活用しない手はありません。第５章に出てきますが、「主体的・対話的で深い学び」が強調されるのであればなおさらです。ましてや二度にわたる「不登校に関する実態調査」（「平成５年度 不登校生徒追跡調査報告書」2001年、「平成18年度 不登校生徒に関する追跡調査報告書」2014年）で、いずれも「友人との関係」「勉強が分からない」「先生との関係」が不登校のきっかけとして上位に挙げられているのですから、この改善の意味でも、授業でのグループ活動は重要だと思います。

　この「対話的」ということは、授業内での子どもたち同士の話し合い活動だけでなく、教師との対話や先人との対話、そして内なる自分との対話等さまざまなものが含まれます。しかしながら、授業構成ということになると、基本的には子どもたち同士の話し合いによる学びという側面が強くなるだろうと想像できます。

　不登校の子どもたち（なかでも人とのかかわりを課題とする子どもたち）は、グループによる話し合いや共同作業、あるいは２人組をつくるなどを苦手としています。グループに入れなかったら、２人組をつくっていて余ってしまったら、グループの中で居場所がなかったらどうしよう等々、不安の種は尽きないからです。そうなれ

ば学習どころではありません。だから机に向かって、ひたすら黒板を見て、先生の話を聞く、そんな授業のほうが安心できるようです。

さらに自分の意見を人に聞いてもらうのは恥ずかしいとか、わかってもらえなかったら嫌だとか、否定されたらなおつらいとか、さまざまな思いが心の中というか頭の中というか胸の内を駆け巡ります。この状況を改善していくことが、授業改善にも不登校の未然防止にもつながっていくのです。

それでは、なぜこのような不安な状況がつくり出されやすいかというと、すぐに "議論の場" としてのグループ活動を行おうとするからだと思われます。グループが議論の場として機能するためには、本来、十分な準備が必要です。まず、グループワークには、次のような3段階があることを理解してから始めましょう。

【不登校への標準対応】ポイント４　グループワークの３段階

第Ⅰ段階：開かれた対話

・グループが安全であり、自分も安心して、そこに参加・貢献できるという実感をもてる活動を十分に行っておく。

第Ⅱ段階：守られた対話

・例えば、ディベートのように、自分の本来の意見とは異なる主張を展開する場合は、その意見が批判されても自分自身に対する大きなダメージにはならない。そのような守られた議論を経験する。

第Ⅲ段階：成長の対話

・自分自身の意見をグループ内に伝えても安全に受け止めてもらえるという安心感がもてるようになる中で、本来の議論を行う。

第Ⅰ段階の「開かれた対話」の部分は特に重要です。この段階では、自分の所属集団が自分にとって安全であり、安心してそこにいられるという感覚を培う場だからです。この感覚を培うには、例え

ば各人が自分の手持ちの情報を口頭でグループに提供して、その情報を総合すると課題が解決できるような、課題解決型のグループワークが有効です。このワークでは、最低限自分のもつ情報を読むということだけできればグループに貢献できるようになっています。

そして次の段階で、ジグソー法によるグループ学習などが行えるとベストです。そのようにして、自分はグループにとって必要であり貢献できるということを積み重ねていきます。

第II段階の「守られた対話」はもう少し進んで、批判されてもあまりダメージを受けない体験を積む段階です。これにはディベートが適しているようです。ディベートと言っても、論理の展開について優劣を競う必要はありません。ディベートでは、自分の本当の意見とその場で相手に主張しなければならない意見とは必ずしも一致しません。ですから、たとえ自分の述べている意見が批判されたとしても、それを自分が批判されたととらえる必要がないのです。しかも問題の設定が、そもそも明確な答えがないようなものなのでなおさらです。このような経験を積み重ねます。

第III段階の「成長の対話」に来て、ようやく建設的な話し合いが可能となる集団となります。この段階で、授業内容等に関する「対話的な学び」が初めて可能になります。もちろん、対人関係等についての学びは、第I段階から十分可能です。

このような3段階を前提に始めると手間暇が相当にかかるからと、一気にダイレクトな議論に行ってしまいがちかもしれません。しかしその結果、グループ活動そのものがうまくいかず停滞してしまう場合も多くなっていると思われます。

5　【不登校への基本対応】の補足

さて、未然防止の活動を十分に行うことで、不登校に至る子ども

たちは確実に減るでしょう。それでも不登校が生じた場合には、第
1選択として、第1部の【不登校への基本対応】に基づいて順を追
って対応することになります。しかしながら、身体的要因や経済的
理由、いじめ、虐待、セクハラ等の大きな外的要因が存在する場合、
あるいは疑われる場合の第1選択は、まずそれらに対する対応を優
先することが先決です。

　常に順を追って状況が進んでくれると、対応する側としての困難
は少ないのですが、当然のことながら、実際にはそんなにうまい具
合に進むはずもありません。あとから、いじめがあったことがわか
る場合もあるでしょうし、身体的な疾患が見つかる場合もあるでし
ょう。ですから、第10章で述べますが、ＰＤＣＡサイクルで常に修
正・補完を行っていく必要があります。

　不登校は、さまざまな要因が絡み合いつつ、何らかのきっかけで
起こります。そのさまざまな要因の中でも最も大きな部分を占める
ような外的要因や身体的要因があるときは、その要因への対応が、
第1選択になります。

　つまり、実は【不登校への基本対応】の〈ステップ1〉の前に、
その判断のための〈ステップ0〉があるということです。

【不登校への基本対応】〈ステップ0〉見極め（最低限のアセスメント）

①目標設定の前に行うこと

・必要最低限のアセスメントを実施する。身体的理由、経済的理由、い
　じめ、虐待、パワハラやセクハラなどの存在の有無の確認が必要と
　なる。

②すぐにラベリングをしないこと

・学校におけるアセスメントの最大の弱点は、困った状況が起きると
　すぐに特定の理由（問題、病理等）に結びつけてラベリングしてし
　まう傾向が強いこと。

- ・現状では、何でもすぐに発達障害としてしまうような傾向も見られる。
- ・ラベリングは、支援者や保護者の安心感は得やすいものだが、必ずしも適切な支援に結びつくとは言えない。
- ・1回のアセスメントで終わらせることなく、常にPDCAサイクルの中で修正・補完を行っていく。

　【不登校への基本対応】の〈ステップ1〉の前段階の〈ステップ0〉として、状態像としての不登校のうち、身体的な理由や外的な理由（経済的理由やいじめなど）があるかどうかの見極めが、まずは必要です。

①身体的理由がある場合

　例えば、学校へ来ていないという状態像があったとしても、はっきり病気として診断されていれば、当然のことながら、その病気の治療が第1選択となるわけで、文部科学省の統計上もいわゆる不登校にはカウントされないことになります。診断されていない場合であっても、身体の不調がある場合は、医療へつないで必ず「医師の目を通す」ということが必要になります。そこで特に問題がなければ、【不登校への基本対応】の対応を順次行っていきます。

　もちろん、現実的にはすでに〈ステップ1〉からの基本対応が始まってかなり経ってしまってから、並行して本来の第1選択が行われる場合も多く見られますが、そこは柔軟に対応していきましょう。手順通りには進まない場合も多いということです。

②経済的理由がある場合

　経済的理由がある場合は、そもそも文部科学省の統計上は不登校にカウントされませんが、その経済的理由への対応が第1選択になります。

　ここで重要なのが、スクールソーシャルワーカー（以下、ＳＳＷ）

です。ある意味、ここでの選択が適切になされることを支援するのが、ＳＳＷの重要な仕事の１つだと言っても過言ではありません。

　いずれにしても「家庭の問題だから踏み込めない」あるいは「活用できる福祉制度、法制度を知らないからかかわれない」で終わらせることなく、ＳＳＷ等と上手に連携して積極的にかかわりをもちましょう。そこから児童相談所や福祉事務所あるいは地域の社会福祉協議会などにつながっていくこともできます。

③いじめが疑われる場合

　いじめが疑われる場合は、まずは、校内のいじめ防止対策委員会でのいじめへの対応が第１選択になります。いじめへの対応は第11章に詳述されていますが、ここでは以下の点だけ述べておきます。

　いじめ防止対策推進法の第28条には重大事態への対処が規定されていますが、その第１項第２号には「いじめにより当該学校に在籍する児童等が相当の期間学校を欠席することを余儀なくされている疑いがあると認めるとき」とされ、不登校重大事態について述べられています。つまり、相当期間学校を休んでいる子どもの、その不登校状態がいじめに起因すると疑われる場合は、そのいじめへの対応が優先されるということです。

　ここで重要なのは、「いじめの重大事態の調査に関するガイドライン」（文部科学省、2017年３月）によれば、疑いが生じた段階で「不登校重大事態」として調査を開始しなければならないという点です。いじめの重大事態というと、通常、いじめ防止対策推進法の第28条第１項第１号に定められている「生命、心身又は財産に重大な被害が生じた疑い」がクローズアップされることが多いのですが、不登校重大事態にも注意を払っておく必要があります。

④虐待が疑われる場合

　虐待が疑われる場合も、虐待への対応が第１選択となります。具体的には、児童相談所などの関係機関との連携を図ることになりま

74

す。学校においては、この連携が遅れる場合が多々見られます。

　その原因の１つは、「児童虐待の防止等に関する法律」第６条の「児童虐待に係る通告」の文言です。「通告」という言葉の重みが、保護者との関係を壊したくないとか、よく調べてからというためらいを生みます。しかしながら、この文言にとらわれる必要はありません。むしろ「相談する」という感覚で大丈夫です。

　例えば、虐待の疑いで児童相談所等に電話をしたとして、相手方から「これは通告ですか、相談ですか」などと問われることはありません。専門機関側は内容を適切に判断し、適切な対応をとってくれます。

　それと同時に、該当地区を担当する民生委員・児童委員、なかでも主任児童委員（ここでの主任とは、一般の上位に位置するという意味ではなく、主に児童のことを任せられている児童委員という意味です）とは、市町村の担当部署や地域の社会福祉協議会などを通して連絡をとっておきましょう。学校の教員も見守り活動の一部に入れてもらえるとよいと思います。少しでも多くの目で該当の家庭を見守ることが重要です。

6　復帰促進の取り組み

　不登校への対応の最終段階が、復帰促進の取り組みです。この段階の取り組みは２つです。１つは、子ども自身の復帰にあたっての障害となり得ることへの対応です。多くは学習の遅れが指摘されています。もう１つは、受け入れ側の集団づくりとなります。

　ずっと休んでいた子どもにとっては、学習を中心とする学校生活の遅れはどうしても気になります。学校に行けそうになってくると、子どもは遅れを早く取り戻そうとしたくなります。また、保護者や先生方も同じです。そして、子どもたちのエネルギーは貯まっ

てきていますから、必然的に勉強でも部活動でも、あれもこれもと一気に手を出そうとします。せっかく子どもが学校に行く気になっているのだからと、保護者はそれに協力しようとします。場合によっては、教員も何とかしてあげようと思うかもしれません。

　ですが、こういうときほど注意が必要です。支援者の側は、なるべくブレーキをかける側にまわります。一気にいろいろなことをやろうとすると、それは一気にエネルギーを使うことになってしまうからです。せっかく貯めたエネルギーをできるだけ無駄遣いせず、効果的に使うことを考えていきましょう。勉強も学校生活も少しずつ少しずつ慣らしていくことが大切です。半年遅れていた勉強を一気に取り戻すことは、そもそも無理なのです。

　ただし、この段階の子どもたちへの支援については、校内校外を問わず、協力が期待できる多くの資源が存在します。担任や学年だけで対応するのではなく、多くの先生方の協力を得ましょう。それらの資源については、第8章で述べています。

　さらに、オンラインでの学習がはっきりと視野に入ってきた現在、それも考慮しながら無理のない登校計画、学習計画が立てられるようになってきたと言えるのではないでしょうか。ようやく第3章で述べられている2005年の文部科学省の通知「不登校児童生徒が自宅においてIT等を活用した学習活動を行った場合の指導要録上の出欠の取扱い等について」が、物理的環境においても意味をもつものになってきたと言えます。オンライン等での個別指導等を上手に使いながら、学習面においても復帰促進をゆっくりと図っていきましょう。

　さて、復帰促進の集団づくりは、いろいろなものをゆっくりと取り入れていく落ち着いたイメージだと先に書きました。ここでの具体的なメインテーマは「待てる、聴ける」集団づくりです。気持ちに焦点を当てる傾聴訓練や自分や他者への気づきの促進などに重点

を置くワークを中心に進めていくのがよいと思います。これらのワークは、どちらかというと集団で行うけれども個々の取り組みが中心となるものです（第6章の「勇者の旅」などのプログラムです）。つまり、復帰のための集団づくりには、土壌の開墾段階のワークが多用されると考えるとよいと思います。学級という土壌の再開発が目的です。それによって不登校の子どもの復帰を受け入れられやすい集団にしておくということになります。

> **【不登校への標準対応】ポイント5**
> ①登校促進にあたっては、迎える集団側は土壌の再開発をしておくことが大切
> ・具体的には、傾聴訓練や自他への気づきを促進するワークなどを中心に実施する。
> ②復帰する側はＩＣＴなどを活用した学習準備を無理なくゆっくりと進めることも重要
> ・教育支援センターなど、校内外の資源も積極的に活用する。
> ③エネルギーが貯まり、一気にいろいろなことをやろうとしているときは、むしろ支援者はブレーキをかけるくらいの姿勢で臨む

　もちろん学級における集団づくりは常に行われているので、個々の不登校の子どもたちに合わせて実施されるものではありません。ただ、不登校の子どもにその時期が来たら、学級でもそこに合わせた内容を重点的に実施することになります。一度やったからということではなく、必要なときに必要なものを、行きつ戻りつしながら行っていくイメージです。
　当然のことながら、ここで不登校への対応は終了ではありません。ただ、適切なフォローアップは必要になるのですが、土壌が十分にたがやされていれば、通常の教育活動の中でのフォローアップ

に切り替えていくことが可能ですし、それが社会的自立への道筋で
もあります。

注1　学校不適応対策調査研究協力者会議「登校拒否（不登校）問題について─児童
　　生徒の『心の居場所』づくりを目指して」1992年3月13日
注2　文部科学省国立教育政策研究所 生徒指導・進路指導研究センター「生徒指導リ
　　ーフ　不登校の予防」Leaf. 14、2014年4月

〈引用・参考文献〉
会沢信彦・田邊昭雄編著（2016）『学級経営力を高める教育相談のワザ13』学事出版
千葉県立船橋法典高等学校（2010）「高等学校における発達障害支援モデル事業（平成
　　20・21年度）報告書」
大野精一（1997）「学校教育相談とは何か」『カウンセリング研究』30（2）
大野精一・藤原忠雄（2018）『学校教育相談の理論と実践』あいり出版

第5章
学校の教育活動を再確認する
不登校支援と自立をキーワードに

【第5章　ナビゲート】

　この章では、子どもたちの成長を促し自立へと導く学校の教育活動の意味そのものを再確認していきます。

　学校の教育活動には、そもそも不登校を予防したり支援したりする仕組みが内在化されていると言えます。それは、学校教育が子どもたちを健全に育成する視点をもった制度として構築されているからです。

　このような仕組みを形骸化させることなく、本当の意味で活性化させていくことが、教員に求められる第一の不登校対策であることに疑問の余地はありません。「生徒指導提要」（文部科学省、2010）に「生徒指導とは、一人一人の児童生徒の人格を尊重し、個性の伸長を図りながら、社会的資質や行動力を高めることを目指して行われる教育活動」とあるとおりです。

　日常の教育実践そのものの中で、この理念の具現化を図ることが重要です。日々の活動を振り返り、いっそうの充実を目指しましょう。これが【不登校への標準対応】の大前提となります。

1　文部科学省の通知のもつ意味

　2019年、「不登校児童生徒への支援の在り方について（通知）」が文部科学省から示されたとき、フリースクールを含めた学外にある

教育施設等に通うことも「出席」扱いすることが注目されました（文部科学省、2019a）。文部科学省は「学校への登校のみを目標にしない」という考え方は以前から示していましたが、この通知でも不登校の子どもたちの学校への復帰そのものに目を向けるのではなく、さまざまな教育機関での大局的な支援を行うことで不登校の子どもたちの自立を目指すことが明確に示されています。不登校の理由が級友との関係や学校のきまり等であれば、学校以外の教育機関での教育活動によって社会的な「自立」を促すことも必要なことでしょう。

　一方で同通知では、不登校の時期には「学業の遅れや進路選択上の不利益や社会的自立へのリスクが存在する」ことにも触れています。それは学校そのものに、学業や進路選択に伴う指導等を通して子どもたちの社会的自立を促す機能があることを示唆していることに他なりません。ですから、学校の教育活動を抜きに不登校への対応をとらえることは不自然なことです。子どもの成長段階において、学校こそが、「自立」を機能的に促進していく理想的な場なのです。

　学校の教育活動全般に、潜在的な不登校を未然に防いだり、不登校からの復帰を促したりする場や機会があります。そこで本章では、学校そのものに焦点を当て、不登校を未然に防いだり学校への復帰の足がかりとなったりするような開発的・予防的な取り組みや集団的なアプローチについて考えていきます。

2　学校での日常

(1)　学校とは？

　学校にはさまざまな人々がかかわっています。子どもたちや教職員だけではなく、保護者や地域の方々、教育行政機関等、かつての学校と比べると今の学校の置かれた環境は大きく変化しています。それでも学校そのものの本質的な部分は変わっていないのではない

でしょうか。

　学校は教育の場ですから、どんなに学校を取り巻く環境が変わっても学校に求められる健全さ、あるべき姿は根本的には変わっていないのだと考えます。この健全さこそが子どもたちの成長を促し、自立へと導く重要な鍵となります。

⑵　朝のあいさつ運動から見えること

　学校の一日は、たくさんの「おはようございます」というあいさつで始まります。多くの学校で正門に子どもたちや教職員が立ち、登校してくる子にあいさつをします。地域によっては保護者や地域の人たちもこの中に加わっています。

　このあいさつのときの様子を見逃してはなりません。毎日同じ友人と登校していたのに最近1人で登校しているとか、いつもはあいさつを元気に返してくれるのに今日は元気がない等、正門でのあいさつは教職員にとって子どものわずかな変化をも感じ取るチャンスになります。そして何か気になる点があれば、教職員は担任や学年主任にその様子を伝えます。

　日々繰り返されるあいさつ運動から見えてくる子どもの変化を見逃さないことです。そうすれば子どもたちが抱える不安や対人関係の悩みを素早く察知できます。教職員相互で子どもたちをよく観察することで細かな変化に対応し、不安要素や悩みを軽度のうちに解決することができます。子どもたちも教職員が自分のことを見てくれている安心感をもつことができ、教職員との信頼関係も自ずと高まります。

⑶　朝の職員打ち合わせの大切さ

　多くの学校では、朝の職員打ち合わせがあります。最近は登校した子どもたちを教室で迎えるため、この打ち合わせも最小限で行う

ようになっていますが、朝の打ち合わせはその日の学校生活を送る
うえで非常に重要な意味をもちます。家庭からの連絡や教職員が共
通に知っておくべき情報確認があるためです。先ほどのあいさつ運
動で気になった子どものこともここで共有できます。単なる情報伝
達ではなく子どもの理解のためという明確な意図をもって行う朝の
職員打ち合わせは、日々変化する子どもたちにかかわる教職員にと
って重要な時間となります。

　ここで大切なのは、打ち合わせを長引かせないことです。朝の始
業にずれ込んでしまって慌ただしいスタートになると、子どもが想
定していた生活リズムで一日の学校生活を送れなくなるからです。

　このように朝の打ち合わせの時間を大切にすることは、子どもた
ちが安心して学校生活を送る基盤となります。

⑷　学習指導と生徒指導

　昨今、授業形態にも変化があります。例えば、千葉市の小学校で
は、理科や算数などの授業で主たる授業担当者に加え、理解度の違
う児童を補助する役割の支援員が一緒に入るようになっています。
また、千葉県のある高校では、小・中学校の「学び直し」の要素を
授業の導入段階にうまく取り入れたり、１クラスを少人数に分けた
授業展開にしたりして、"生徒がわかる授業"を目指して取り組んで
います。

　小学校でも高校でも、授業に参加する子どもたち全員が授業の中
で認められる場が大事になります。それは学級全員の前で発表する
ことだけではありません。授業において、複数で指導したり少人数
での授業形態にしたりすることで、子どもの「わかった」というう
れしい気持ちを受け止めてくれる教員が身近にいることが大切なの
です。

　このような授業での取り組みによって、学習面でのつまずきが軽

減され、学習意欲の向上に結びつきます。そうすれば自然と授業が楽しくなってきます。これが子どもの自信となり、その自信は学習だけではなく学校生活の他の場面にも広がっていきます。一人一人の子どもが生き生きと学習できる場面を設けることは、学習指導における生徒指導であると言えます。

　生徒指導というと、問題行動に対する指導を想定するかもしれませんが、ここではもっと積極的な意味をもちます。本章の【ナビゲート】でも紹介したように、「生徒指導提要」には「生徒指導とは、一人一人の児童生徒の人格を尊重し、個性の伸長を図りながら、社会的資質や行動力を高めることを目指して行われる教育活動」とあります。さらに、「生徒指導は学校の教育目標を達成する上で重要な機能を果たすものであり、学習指導と並んで学校教育において重要な意義を持つもの」と述べられています（文部科学省、2010）。つまり、学校でのあらゆる教育活動に包括的にかかわってくるのが生徒指導であり、子どもたちの「自立」に重要な役割を果たします。

　教室での授業とは別に、個別の学習指導を行うこともあります。さまざまな理由で同じ学級の子どもたちと一緒に教室で授業が受けられない場合や、通常の授業では内容を理解するのが難しく、復習をしながら少しずつ進めていくような場合です。

　不登校の状態でも放課後や夜間になら登校できるというのであれば、時間を変えて授業内容を指導することもできます。このようなときには、授業の質は保ちつつ個別指導のメリットを活かすよう努めます。学習の進め方や説明の仕方など、その子に合った指導法を工夫します。個別指導の中で学ぶ喜びを感じることができると、子どもの大きな自信となります。この自信が、指導をしてくれる教員に対する信頼感にもつながっていきます。こうしたかかわりで不登校からの復帰の足がかりを見つけることも可能となるでしょう。

⑸　総合的な学習（探究）の時間

　自分で課題を見つけてそれを解決しようとする活動が学習指導要領に導入されてから久しいですが、総合的な学習（探究）の時間などで級友と協力しながら調査をしたり、課題研究をしたりすることがあります。この中では、自分自身で考えて判断しなければならない場面がいくつもあります。時には間違った判断をしてしまうことや、級友との意見の違いにとまどうこともあるでしょう。級友と協働しながら活動をする中で、自分自身の頭で考え判断する活動は、自立を促すうえで非常に重要です。自分自身を見つめ直し、友人のよいところや自分自身の間違った点に気づくからです。

　課題研究のような複数人で行う活動では、自己主張をするだけではなく、相手の意見を聞きながら自分たちの活動の軌道修正をする必要が出てきます。人間関係を調整する能力が自然と磨かれていきます。

　指導をする際には、他の教科の授業とは違ったかかわり方ができます。教員から一方的に話すのではなく、子どもが自らの考えや取り組んできたことを説明するよう促すことを心がけていくことになります。子どもが自分の考えを言語化し、相手に伝えようと努めることは、社会的なかかわりを広げていく活動となります。それは不登校の予防につながる活動です。

⑹　進路指導

　小・中・高校を通じて進路を考える機会は幾度もありますが、多くの子どもたちにとって最初にぶつかる進路選択は高校受験です。中学校３年生にとっては、大きなハードルです。不登校の生徒も、高校に進学すれば欠席が多いと進級できないことを知っています。そんな中での進路指導では何が最も重要なのでしょうか。高校に入学後の観点から考えてみます。

高校に進学してから、不登校傾向になる生徒もいます。その理由には、環境の変化や不本意入学によるものがあります。環境の変化は、学校が変わるわけですから、どんな学校に進学しても起こり得ることです。しかし、その学校に入学できた喜びが大きければ、その喜びが大きなモチベーションとなって、高校入学後の生活にもプラスに作用していきます。

　このように、進学は大きく変わるチャンスであり、同時にリスクを伴うことでもあります。

　では、入学できた喜びはどこから生じるのでしょうか。目標とする学校に入学できたから、というのが妥当な答えでしょう。ここでポイントとなるのが、どんな学校を目標とするのかです。自分の学力レベルや大学への進学状況だけで行きたい高校を選んでも、大きな喜びは得られない可能性があります。選ぶ基準が他の人が定めたスケールによるものだからです。高校が主体となって発信する情報や高校を取り巻く外部からの情報を収集するだけでは不十分なのです。大事なのは、自分が納得のいく学びがその高校にあるのかどうかを自分自身で調べることです。入部したい部活動であったり、特色のある生徒会活動であったり、カリキュラムに選択科目が多く多様な選択が可能であったり等、どんなことでもよいのですが、自分の基準で選んだ点があるかないかが大きなポイントです。

　中学校では進路面談を実施しますが、保護者と生徒の意見が食い違うことが少なくありません。また、保護者が生徒の希望を鵜呑みにしたり、生徒が保護者の言いなりになっていたりする面談には注意が必要です。進路面談の際には、学級担任は生徒自身の基準で選んだ理由に耳を傾け、保護者とともに、その気持ちを理解する場になるよう努めることが大切です。

3　学校を取り巻く環境の変化

⑴　スクールコネクティドネスという考え方

　スクールコネクティドネス（School Connectedness）という考え方があります。これはアメリカの公衆衛生の専門機関である疾病予防センター（ＣＤＣ）が提唱している概念です（図5-1）。日本語にすると「学校へのつながり」という意味になります。

　これは、子どもたちが学校を取り巻くさまざまな資源のかかわりに身を置くことで、学校のもつ健全さのサイクルに取り込まれていくことを表しています。

　そしてこのことが、子どもたちの安定した心の成長に大きく寄与することになります。

　かつて青少年の補導を担当する警察関係者から、「生徒が何か問題行動を起こした場合でも、学校にとどまることができるような指導につなげてほしい」と言われたことがあります。学校という枠組みを一度離れてしまうと、警察関係者にとっても補導がしづらくなるというのです。学校は子どもたちの成長を促す場であり、学校関係者がそれを見守る場所であると実感した言葉でした。

図5-1　スクールコネクティドネスの構成概念の図

小野（2015）より

⑵　教員集団のもつ教育力

　2010年以降、第2次ベビーブーム期に大量採用された教員の大量退職に伴い、教員の採用数が増加傾向にあるのは多くの自治体で見られる現象です。学校現場に年齢の若い教員が増えることは現場の雰囲気を変え、子どもたちにとっては年齢の近い教員が増えるうれしさもあります。一方で、急激な採用者の増加が、学校内の教員の年齢構成に歪みを生じさせるという現実もあります。各自治体は採用試験の受験年齢を引き上げたり、一度退職した経験者を採用したりして、この歪みを解消すべく取り組んでいます。

　学校の教員集団は、本来、幅広い年齢構成だけではなく、子どもたちに対する指導の経験値も異なる集団です。このような教員集団において、教育に携わりながら教員自身も成長できる場が存在します。例えば、初任者研修です。教育の世界は、まさにOJT（オン・ザ・ジョブ・トレーニング）によって新任教員の育成を図っていると言っても過言ではありません。教える側も教えてもらう側も、意識しているか否かにかかわらず、日本全国の学校で行われているはずです。初任者研修用にOJTのハンドブックを作成しているのは高知県をはじめ、いくつもの自治体で例があります。

　このOJTが教員自身に気づきを与え、新任教員ばかりか経験のある教員の成長をも促し、教員集団としての教育力向上につながるのです。この教員相互の向上心が相乗効果を発揮し、子どもたちへの教育活動にも好転現象をもたらすことになります。新任の教員が研修会等で知り得た知識や情報を教員同士で共有し、それを学校現場で実践することで、教員の指導力向上が図れるだけではなく、子どもたちの変容を促す取り組みへと発展することになるでしょう。

⑶　「主体的・対話的で深い学び」による教育効果

　2012年の大学教育の質的転換に関する答申（中央教育審議会、2012）

に示された「能動的学修（アクティブ・ラーニング）」に端を発し、2017年告示の学習指導要領にもその考え方が反映されています（文部科学省、2017）。学習指導要領では「主体的・対話的で深い学び」と表現されています。この「主体的・対話的で深い学び」を行うための授業では、主体は子どもたちであり、子どもたちが自らの学習活動を身近なこととしてとらえ、級友や教員等とともに多面的に考えをめぐらせる過程を大切にし、わかることのおもしろさを実感できるような授業であることが求められています。

　学習指導でも触れましたが、わかった喜びは子どもに自信や学びの意欲をもたらします。2018年度の文部科学省の調査（文部科学省、2019b）によると、小・中学生の不登校の理由（複数回答）は、「家庭の状況」が約38％、「いじめを除く友人関係」が約28％、そして「学業の不振」が約22％となっています。子どもたちに学びの楽しさを気づかせるために、この「主体的・対話的で深い学び」の観点を含めた授業改善を進めることが重要です。

⑷　感染症拡大の中での学校の取り組み

　新型コロナウイルスの感染拡大により、学校は休校を余儀なくされました。学習に対する不安が、子どもたちばかりでなく保護者からも寄せられるようになりました。

　そんな中で、オンラインでの授業に取り組んだ学校もありました。私立校の中にはオンラインの仕組みができあがっている学校もあるでしょうが、公立校でも教員の努力によって実現した学校もありました。東京都中野区立中野東中学校もその１つです。若手からベテランの教員まで皆で１か月に500本もの授業動画を作成し配信したのです（Internet Watch、2020）。この取り組みでは、新卒の教員が活躍しました。これもまさに教員集団のもつ教育力です。若手が常に教えられる側ではないのです。積極的な動画配信によって、生

徒や保護者の学習に対する不安も解消されたことでしょう。

このようなオンラインでの授業形態は、不登校の子どもたちにとっても取り組みやすいとの意見もありました。このオンライン授業で、授業の遅れを取り戻し、学びの楽しさに気づくきっかけになったかもしれません。しかし、大事なのはここからです。オンライン授業は、あくまでも学校での授業の補助的な役割にすぎません。「主体的・対話的で深い学び」につなげるには、学校での対面の授業とオンライン授業の双方をさらに工夫していく必要があります。

＊

「自立」を支援する学校教育での取り組みは多岐にわたります。学校教育には、子どもたちの不登校を予防する仕組みをさまざまな場面で見つけることができます。学校の教育活動には、不登校の状態から脱け出す足がかりとなる活動がいくらでもあるのです。

教員は、その足がかりを子どもたち自身に見つけさせる手立てを講じる中で、不登校状態にある子どもが何に困っているのかをよく見極めながら支援をすることが、「自立」を促すうえで重要です。学校の教育活動全般に存在する子どもたちの健全育成の視点をもちつつ、個別の支援を心がけていきたいものです。

〈引用・参考文献〉
中央教育審議会（2012）「新たな未来を築くための大学教育の質的転換に向けて〜生涯学び続け、主体的に考える力を育成する大学へ〜」（答申）
Internet Watch（2020）「休校中に授業動画500本作った公立中の“奇跡”、新卒から60代まで全教員の『学びの空白を作らない』戦い」https://internet.watch.impress.co.jp/docs/special/1265043.html
文部科学省（2010）「生徒指導提要」
文部科学省（2017）「小学校学習指導要領（平成29年告示）解説 総則編」
文部科学省（2019a）「不登校児童生徒への支援の在り方について（通知）」
文部科学省（2019b）「平成30年度児童生徒の問題行動・不登校等生徒指導上の諸課題に関する調査結果について」
文部科学省（2020）「主体的・対話的で深い学びの視点からの授業改善」
小野善郎（2015）「いじめと精神保健」『いじめ予防と取り組む〜精神保健の視点から〜』千葉県高等学校教育相談部会

第6章
不安を軽減する
認知行動療法に基づく「勇者の旅」の活用

【第6章　ナビゲート】

　予防的教育相談は、登校しぶりや友人関係のトラブル、学習のつまずきがあったりする子どもの事態が、深刻な問題にならないよう予防する適応支援教育活動です。

　特に、高い不安をもつ子どもは、不登校のリスクがあると考えられます。文部科学省が毎年実施している調査においても、不登校となったきっかけの「本人に係る要因」では、「不安の傾向がある」が最も多い状況にあります。認知行動療法に基づく不安の予防教育プログラム「勇者の旅」の導入は、不登校の「予防教育」だけでなく、第1部の【不登校への基本対応】で紹介した不登校の「前兆期」の子どもの早期発見・早期対応の役割も果たすものと考えられます。

　「勇者の旅」プログラムの実践で、対人不安が生じにくい学校・学級環境が形成されることが期待されますが、それは不登校の子どもが学校・学級に復帰する際の「迎え入れる場」の土台づくり、つまり「復帰促進」の面もあわせもっています。

1　認知行動療法とは

　認知行動療法とは、感情（気分）の問題を引き起こす非機能的な認知（考え）と行動を見直して、機能的な認知と行動に変えていけるようバランスをとることにより、感情の問題の改善を図るセラピ

ーです（図6-1）。

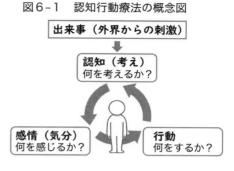

図6-1　認知行動療法の概念図

不安やうつといった感情の問題をもつ人は、日常生活上の出来事に対して、非機能的な認知パターン（例えば「自分にはどうしようもない」という考え）や行動パターン（例えば回避行動など）での処理を繰り返しています。そこで認知行動療法では、まずその人の認知と行動のパターンに着目し、それらが感情の問題にどう悪影響を与えているのかをアセスメントしていきます。そのうえで、感情の問題を改善していくための認知的／行動的方略を一緒に検討し、実生活の中でそれらを使っていくことで、徐々に機能的な認知／行動パターンへと変化させていきます。

認知行動療法は、うつ病に対して薬物治療と同じくらい、あるいは不安症や強迫症等に対しては薬物治療よりも優れた効果があることが研究で明らかとなっており、現在、不安症やうつ病などの心の病気を治療する際の第1選択となっています。また、その他のさまざまなメンタルヘルスの問題に対する治療効果のエビデンスも蓄積されています。

2　認知行動療法に基づく予防教育プログラム「勇者の旅」

近年、認知行動療法は治療だけでなく予防にも有効であるという研究結果が報告され、欧米諸国では、認知行動療法に基づく予防教育プログラムが学校現場で活用されています。しかし、不安の問題に対する予防教育プログラムについては、欧米で開発された内容が日本の子どもたちには馴染みにくいという問題がありました。

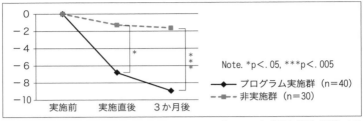

図6-2　「勇者の旅」実施前後の不安スコアの変化

Note. *p＜.05, ***p＜.005

プログラム実施群（n＝40）
非実施群（n＝30）

Urao et al.（2016, 2018, 2021）より

　そこで、予防教育プログラム「勇者の旅」（小学校高学年～中学校の児童生徒向け、以下「勇者の旅」プログラム）を2015年に開発し、その有効性を検証しました（Urao et al., 2016, 2018, 2021）。①プログラム実施前、②実施直後、③3か月後のフォローアップの計3回、子どもたちの不安を測定する心理尺度（スペンス児童不安尺度：以下、ＳＣＡＳ）の調査を実施し、プログラムを受けなかった子どもと比較した場合に、プログラムを受けた子どもの不安スコアが有意に低下するという結果が得られています（図6-2）。

3　「勇者の旅」プログラムの概要

　「勇者の旅」プログラムは1回45分×全10回で構成され（表6-1）、通常学級の教室等で、教諭や養護教諭等によって実施されています。「勇者の旅」の授業を実施するためには、事前に指導者養成研修会を受講して、プログラム全体の流れの把握と、認知行動療法を理解する必要があります。

　授業を実施する際には、（事前に保護者の同意を得たうえで）子どもの不安を測定するための質問紙調査（ＳＣＡＳ）を実施し、一人一人の不安スコアを把握します。その後、ワークブック（図6-3）と指導案に沿って、授業を展開していきます。

　ワークブックは、一人一人の子どもが「勇者」になって、不安の

表6-1　「勇者の旅」プログラムの学習内容

ステージ1	基本感情の理解と感情マネジメント	心理教育
ステージ2	不安感情の理解と目標設定	
ステージ3	身体反応とリラクセーション	行動スキル
ステージ4	不安階層表の作成と段階的エクスポージャー	
ステージ5	認知のモニタリングと認知モデルの作成	認知スキル
ステージ6	非機能的思考の同定と反すうへの対処	
ステージ7	不安場面での認知再構成法	
ステージ8	対人不安を減らすコミュニケーション	認知／行動スキル
ステージ9	ふりかえりと般化	復習・まとめ
ステージ10	ふりかえりと般化	

図6-3　「勇者の旅」ワークブック

問題に立ち向かいながら「勇者城」を目指して旅をする、というストーリー仕立てになっています。子どもたちはワークブックに書き込みをしながら、少しずつ自己の不安感情に向き合い、その不安が過剰になったり、維持されてしまうことを防ぐための方法を、認知行動療法の理論や技法に沿って学んでいきます。プログラム実施直後と3か月後には、再度質問紙調査を実施し、プログラムの効果と、一人一人の不安スコアの変化を確認します。

4　「勇者の旅」プログラムの実施により期待されること

　「勇者の旅」プログラムは不安の問題の予防だけでなく、不登校の

未然防止や早期発見・早期対応の役割も果たすものと考えられます。これまでの研究から、不安スコアがカットオフ値を超える高不安児童生徒が、全体の１割強存在することが明らかとなり、30人学級であれば３〜４人が高不安という計算になります。高い不安をもつ子どもは、不登校のハイリスク児とも考えられ、学校生活において十分な配慮や支援が必要です。これまでの研究では、高不安児童生徒の３人中２人は、「勇者の旅」プログラムの授業後に、不安スコアがカットオフ値を下回ることが示されています。ただし、３人中１人は授業後にも不安スコアが下がらないということがあるため、このような子どもについては、スクールカウンセラーや学校医、地域の医療機関等とも連携しながら、適切な支援や治療につなげていくことが重要です。

　また、「勇者の旅」の授業を学級全体で行うことにより、子どもたちの「自己理解」や「他者理解」が深まり、結果的に、からかいやいじめなどの問題が減るのではないかと考えています。からかいやいじめの問題が発生する要因はさまざまですが、その中の１つに、不安感受性の低い子どもが、不安感受性の高い子どもの心理を理解できずに、「これくらい大丈夫だろう」と考えて、相手を不安にさせるような言動をしてしまうということが考えられます。このような対人関係上の問題は、友達同士、先生と子どもの間でも起きているかもしれません。「不安は誰もが感じる自然な感情であること」「不安の感じやすさや不安の強さは人によって違うこと」「相手に不安を与える／与えないコミュニケーションの方法があること」などを、「勇者の旅」の授業を通して学校・学級全体で共有することで、対人不安が生じにくい学校環境が形成されるのではないかと考えます。学校環境を整えることは、不登校の未然防止にもつながります。

　さらに、「勇者の旅」プログラムを実施することにより、教師自身の不安対処能力やメンタルヘルスの増進にもつながる可能性がある

と考えています。教師も多忙な日々の中で不安やストレスを抱えやすく、うつ病等の精神疾患に罹患し休職に至るケースも後を絶ちません。認知行動療法は、健康な大人にとっても役に立つ、セルフマネジメントツールでもあります。「勇者の旅」の授業を実施するために教師が認知行動療法の知識やスキルを身につけることは、メンタルヘルスの増進にもつながります。「勇者の旅」プログラムが、学校内に定着し、子どもたちの学校環境だけでなく、教師の職場環境も改善することにつながるのでは、と期待しています。

　以下、学校現場での「勇者の旅」の実践者が、実践の様子を紹介していきます。

5　「勇者の旅」プログラムの導入
中学校の校長の立場から

　不登校に陥る直接のきっかけはさまざまであると思いますが、中学校で日々、不登校に陥った生徒や不登校傾向にある生徒たちと接していて感じるのは、総じて「学業不振である」ことと、「家族の支えが弱い」ということです。そして、この2つのことは、不安となって生徒の心を蝕んでいるのではないかと思っています。そして、不安に立ち向かっていくためには、生徒一人一人に、自分で自分を支える力が必要であると痛感しています。

　「勇者の旅」プログラムへの期待は、①教師に集団指導の能力とスキルが身につく。②生徒が互いを思いやれる学級が育つ。③生徒一人一人に、自分自身の不安を認識し、その不安に対処するスキルが身につく、の3つです。

　「勇者の旅」プログラムは、本来は小学校5年生から中学校1年生の3年間で取り組むことが望ましいとのことでしたが、本校（中学校）では、1年間での完結を目指し、中学校1年生のみで8時間のプログラムに取り組むことにしました。具体的には、「総合的な学習

の時間」「特別の教科 道徳」「保健
体育」に分散し、合計8時間のプ
ログラムを実施しました。

　今回の取り組みが不登校減少に
結びつくかどうかは、現時点では
不明ですが、①教師が、生徒のも
のごとの考え方を把握することができた、②教師の集団指導能力と
スキルの向上が見られた、③不登校に対する教師の意識が向上した
ことは、成果と言ってよいと考えています。

　課題としては、中学校からでは手遅れ感があります。小・中学校
の連携、体制づくりが必要になります。昨今、校長や教頭が短期間
で異動するので、長期間を見通した小・中学校の連携が難しくなっ
ていると思います。そう考えると、学校の設置者である市町村教育
委員会が中心となり、単独の中学校区ではなく、市町村全体で取り
組んでいくことが必要になってくるのではないかと思います。

6 「勇者の旅」プログラムの授業実践
小学校高学年での実践

　本校は、小中一貫校です。2018年から、「勇者の旅」プログラムを
5年生と6年生で授業実施しています。プログラム導入のきっかけ
は、不登校や長期欠席児童生徒が年々増加傾向にあったことでし
た。7〜9年生（中学校1〜3年生に相当）の不登校生徒の出現率
は2015年に6.7％だったものが、2017年には8.8％にまで増加してい
ました。特に不登校や長期欠席者は、7年生を境に急激に増加して
いました。7年生からの不登校を予防するために、5・6年生に不
安な気持ちを軽減させるための心理教育が必要であるとして職員会
議で検討を重ね、「勇者の旅」プログラムを実践することになりまし
た。授業では、ワークブックに記入しながら、不安な気持ちとどう

付き合っていくかの個人作業を大事にしました。

　授業は、担任以外の教頭や教務主任、他学年の担任、そして養護教諭やスクールカウンセラーも加わって実践することで、子どもを多方面から理解することができ、実際に生徒指導上の問題が生じた場合に、迅速に対応できる体制になっていきました。

　授業実施後のアンケート結果では、「不安な気持ちと上手に付き合うことができるようなったと思いますか？」や「学んだことは、これからの生活に役立つと思いますか？」に約９割の子どもが肯定的な回答をしていました（図６-４）。子どもたちの感想には、「勇者の旅はこれからの生活に役立つ」や、「勇者の階段は気づけば最初の段から５段もアップし、少しずつ登れることができてうれしかった」や、「今までYouメッセージを言っていることに気がつき、Ｉメッセージで伝えることができるようになりました」などがありました。プログラムで学習した知識やスキルが日常生活で活かされるようになったようです。

　ここで、実際に不安を克服したＡさんの事例をもとに、子どもの変化についても考えていきます。Ａさんは、みんなの前で発表がう

図６-４　授業実施後のアンケート結果

不安な気持ちと上手に付き合うことができるようなったと思いますか？

11%　0％
34%
55%

■ そう思う
■ ややそう思う
■ あまりそう思わない
■ 思わない

学んだことは、これからの生活に役立つと思いますか？

2％
11%
48%
39%

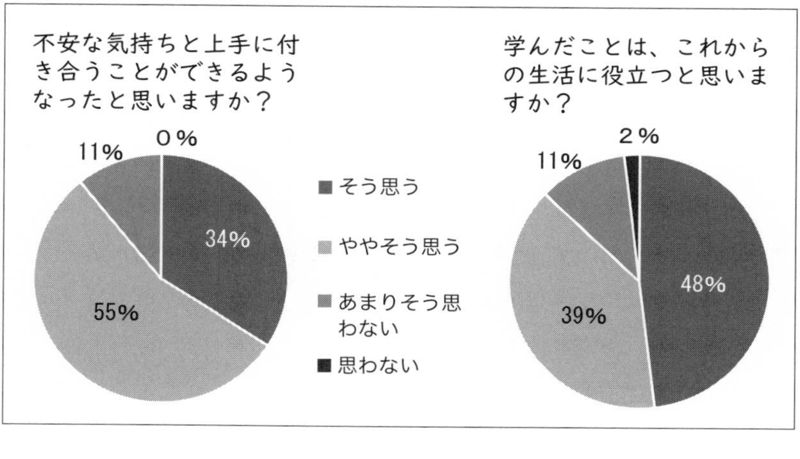

まくできなかったらどうしようと考えているうちに、不安な気持ちが大きくなって、発表することが苦手になっていました。また、自分から進んで発表をすることもできなくなっていました。

Aさんは、「勇者の旅」の授業で、発表時の不安な気持ちを小さくするために、「勇者の階段」をつくり、一段一段登る挑戦をしていきました。階段の一番上まで登る頃には、人前で発表することにもだいぶ慣れて、不安な気持ちを小さくすることができました。また、授業中にみんなの話を聞いて、不安な気持ちだったのは自分だけではなかったことがわかり、不安な気持ちを抱くことにネガティブにならなくてもよいことの気づきも得ることができました。

思春期を迎えた子どもたちは、他者の評価に敏感になります。また、より自分らしい生き方を模索するようになると、自己評価の不安定さにつながることもあります。進級などで環境に変化があるとさらに不安が高くなり、登校や人間関係が困難になることも考えられます。

「勇者の旅」プログラムは、不安な気持ちを蓄積させずに、「勇者の旅」で学んだ「○○技」を使ってみようと、自分で解決に向けて考え、行動し、不安への対処力を身につけていく予防教育の1つです。また、これは副産物ではありますが、指導者自身の自己理解も促進され、メンタルヘルスの向上にも寄与していました。

授業時数のカリキュラムマネジメントを行い、「勇者の旅」の授業時数を生み出していますが、授業時数をどのように確保していくかが今後の課題になりそうです。

7 「勇者の旅」プログラムによる小・学校から中学校への 移行支援　中学校での実践

本校（中学校）では、毎年、全校生徒に「心の健康チェックリスト」のアンケート調査を実施しています。調査結果では、1年生は

表6-2　フォローアップの授業予定

実施日	実施内容
5月初旬	全学年にアンケート実施
5月24日（金）	ステージ4　勇者の階段
5月31日（金）	ステージ5　勇者のトライアングル
6月14日（金）	ステージ8　勇者の話し方
7月	まとめ　アンケート実施（全学年）
10月	3か月後のアンケート実施（全学年）

「身体がだるい」「悲しい気持ちになる」「楽しめることや気分転換できることがない」などの項目で、2・3年生と比較すると高い傾向にあります。これらの状況から、小学校から中学校への移行支援の必要性を感じていたところ、中学校区の小学校の管理職と養護教諭の協力を得て、小学校高学年から、児童の不安の軽減、児童のメンタルヘルスを把握するために、「勇者の旅」プログラムの授業実施を行うことになりました。さらに中学校入学後、不登校やいじめ予防、新しい環境への適応支援、生徒のメンタルヘルスを把握するために、「勇者の旅」の反復学習として3時間のフォローアップ授業実施を計画しました（表6-2）。

　6回のSCASのアンケート調査（小学校高学年の①プログラム実施前、②実施直後、③3か月後。中学校1年の④プログラム実施前、⑤実施直後、⑥3か月後）からは、②小学校高学年の実施直後に、不安のスコアが減少していきます。しかし、中学校入学時の④プログラム実施前に上昇が見られ、フォローアップ授業の⑤実施直後と⑥3か月後のアンケート調査では、不安スコアの減少が見られました。

　小学校高学年からの「勇者の旅」プログラム学習と中学校入学後のフォローアップ授業で、子どもたちの新しい環境や友人関係など

にうまく適応できない不安感（「中1ギャップ」）の軽減が図られたことがわかります。移行支援や適応支援では、新しい環境に適応できる力の育成と、登校しぶりなどの不適応を抱えた子どもの事態が深刻な問題にならないような不登校の早期発見・早期対応の観点も必要です。

8　通信制高等学校と「勇者の旅」プログラム

　2017年度の文部科学省の調査によれば、通信制高校に通う生徒の実に半数以上が、過去に不登校の経験があると答えています（表6－3）。「勇者の旅」が示してくれる認知行動療法の手法は、生徒たちの中に無意識のうちに内在している、例えば「自分は劣等生だ」「自分は正しくない」といった考えを優しく剥がし、自分自身と向き合うための新しい考え方を提供してくれる教科書のようなものです。

　本校（通信制高校）の「勇者の旅」プログラムの実践は、月に1回のホームルームを活用しました。「勇者の旅」の作成者の指導のも

表6-3　通信制高校に在籍する生徒の実態等

	狭域通信制	広域通信制*
小・中学校および前籍校における不登校経験がある生徒	48.9%	66.7%
外国とつながりがある（外国籍・日本語を母語としない）生徒	2.8%	2.4%
ひとり親家庭の生徒	26.9%	18.7%
非行経験（刑法犯罪等）を有する生徒	2.1%	4.1%
特別な支援を必要とする生徒	11.8%	3.0%
心療内科等に通院歴のある生徒	11.0%	4.8%

＊広域通信制とは、3以上の都道府県において生徒募集を行うものを指す。

全国高等学校定時制通信制教育振興会（2018）より

と、全6回の時間内に完結させられるよう凝縮することからスタートしました。高校生であることから、認知行動療法についての簡単な解説を含むコラムも加えました。

　2つの〈ステージ〉について特に十分な時間をかけられるように調整しました。1つは、「考え」と「気持ち」「行動」を分けて考える「勇者のトライアングル」を学ぶ〈ステージ5〉です。もう1つは〈ステージ8〉の「勇者の話し方」です。高校生にとって人間関係におけるコミュニケーションの悩みはとても大きなものと考えました。

　授業終了後に行ったアンケートには、学んだ知識を具体的に活かそうとする肯定的な意見が多く寄せられ、「勇者の旅の授業で学んだことは、これから先の人生（受験や就職など）に役立つと思いますか？」の問いには、8割を超える生徒が「そう思う」「ややそう思う」と回答しました。また、その後の学校生活の中で「勇者の旅」で学んだことを思い出し、前に進もうとする生徒の姿も見られました。

　生徒の感想には、「考え・気持ち・行動の関係を知っているおかげで、自分を少しコントロールできるようになった気がする」「考えてしまう不安なことは、本当に起きるとは限らないということを意識して、これから活かしていきたいと思う」「Ｉメッセージは、すごく役に立つものだなと感心した。これから使っていきたい」などがありました。

　ここで、事例をもとに、生徒の変化についても考えていきます。Ｂさんは、高校1年生のときに、クラスメートや先生が自分のことをよく思っていないのではないかと感じてしまうようになって登校することができなくなり、本校に転入してきました。本校に転入後も、相手からどう思われるかという考えや、失敗してしまうのではないかという心配が先行してしまい、学習活動に参加できないことがしばしばありました。しかし、卒業年度となり、希望する短期大

学の面接練習をしていた際、本人から「でも、失敗するとは限らないですもんね」といったような前向きな発言が聞かれるようになりました。Bさんと教師に「勇者の旅」という共通の学習経験があったからこそ、語られた言葉であると考えられます。

　「勇者の旅」プログラムが示しているように、「考え」や「気持ち」「行動」のそれぞれの関係性について理解することは、自分自身の抱える課題や周囲の環境を受け入れ上手に付き合ううえで、大変重要であると感じています。私たち学校の重要な役割の1つは、社会の中で「自立」できる人を育てることです。通信制高校で再び登校し、学ぶことができたという経験は、多様な人とかかわる社会生活の中で困難に直面したとき、将来きっと生徒たちの助けになるはずだと思っています。

〈引用・参考文献〉
小澤美代子（2003）『上手な登校刺激の与え方』ほんの森出版
Urao Y., Yoshinaga N., Asano K., Ishikawa R., Tano A., Sato Y. and Shimizu E. (2016) Effectiveness of a cognitive behavioural therapy-based anxiety prevention programme for children: a preliminary quasi-experimental study in Japan. *Child and Adolescent Psychiatry and Mental Health*, DOI 10.1186/s13034-016-0091-x.
Urao Y., Yoshida M., Koshiba T., Sato Y., Ishikawa S., and Shimizu E. (2018) Effectiveness of a cognitive behavioural therapy-based anxiety prevention programme at an elementary school in Japan: A quasi-experimental study. *Child and Adolescent Psychiatry and Mental Health*, 12 (33).
Urao Y, Ohira I, Koshiba T, Ishikawa SI, Sato Y, Shimizu E. (2021) Classroom-based cognitive behavioural therapy: a large-scale non-randomised controlled trial of the 'Journey of the Brave'. *Child and adolescent psychiatry and mental health*, 15 (1) 21
全国高等学校定時制通信制教育振興会（2018）「文部科学省平成29年度委託調査研究報告書　定時制・通信制高等学校における教育の質の確保のための調査研究」

学級集団をアセスメントし、登校促進に活かす

【第7章　ナビゲート】

　子どもたち一人一人に個性があるように、学級集団にもそれぞれ特徴があります。この学級集団の特徴は、主に教員と子どもたちの相互作用で決まってきます。このような学級集団の特徴を知るためにアセスメントが行われます。「Q-U」「アセス」「学級風土」などの質問紙が多く使われています。

　同時に、子どもの状態についても、一人一人十分なアセスメントが必要です。学級集団と個人の両者を十分に理解することで、学級集団と個人の相性を見ていくのがマッチングということです。相性が悪ければ（ミスマッチ）、当然不登校をはじめとするさまざまな不適応の要因となり得ます。これを防ぐには、学級環境を調整する支援と個人の能力を高める（適応度を上げる）支援の両者が求められます。

　本章では、マッチングの考え方に基づいた支援の在り方について述べます。これが前章までで見てきた未然防止のための集団づくりと復帰促進の集団づくりにつながります。

1　子どもと学級集団とのマッチング

　不登校の要因や背景には、子ども個人に関するもの、学校という環境に関するもの、家庭に関するものなど、さまざまな要因が複雑に絡み合っています。しかし、不登校の子どもについて理解しよう

とするときに、これまではどちらかというと子ども自身の性格や能力といった個人要因に注目する傾向がありました。近年では、不登校は、子どもを取り巻く環境によっては、どの子どもにも起こり得ることとして考える必要がある（不登校に関する調査研究協力者会議、2016）と言われています。そのため、不登校の背景や要因を理解する際には、子ども個人とともに子どもを取り巻く環境にも焦点を当てる必要があると言えるでしょう。

　子どもと子どもを取り巻く環境との関係を理解するうえで、「マッチング」という考え方が参考になります。この考え方は、子ども自身の考え方や行動などと、その子どもが在籍している学級という環境（集団の雰囲気、担任教師、クラスメートとの関係性など）が合っていれば（マッチ）適応的な学級生活を過ごしやすくなる反面、合っていない（ミスマッチ）場合、不適応的になりやすい、という考え方です（近藤、1994）。例えば、小学校時代は毎日楽しく登校していた子どもが、中学校の雰囲気に馴染めず不登校になってしまうといった、いわゆる「中1ギャップ」などはミスマッチの典型と言えるでしょう。環境によっては不登校がどの子どもにも起こり得る、ということを踏まえると、子ども個人と学校や学級集団といった環境とのマッチングという視点をもつことが重要なのです。

　マッチングという視点から不登校への支援を考える場合、子ども個人の状態と、その子どもが在籍している学級集団の雰囲気や学級内の人間関係などの子どもを取り巻く環境の状態の両方を把握する必要があります。両者の特徴をとらえて、どこにミスマッチが起きているかを把握することで、より効果的な支援の方針や計画の立案につなげられるためです。このような取り組みは、文部科学省（2019）が指摘している、不登校の子どもが主体的に社会的自立や学校復帰に向かえるような、環境づくりのための支援や働きかけなども行う必要がある、という考え方に通じるものがあると言えるでしょう。

したがって、不登校への支援を考える際には、子どもが在籍する学級集団やその子どもと学級集団との関係について、丁寧にアセスメントする必要があるのです。

　以上を踏まえ、学級集団をアセスメントする際の視点と、アセスメント結果に基づいた登校促進の在り方について紹介していきます。

2　学級集団のアセスメントとは

(1)　アセスメントの目的と進め方

　「明るい子ども」「おとなしい子ども」など、子ども一人一人に個性があるように、学級集団にもそれぞれの特徴があります。例えば、「活動的な子どもが多くにぎやかな雰囲気の学級」「穏やかな性格の子どもが多く落ち着いた雰囲気の学級」といった具合です。このような学級集団の特徴は、学級集団を構成するメンバー（教師と子ども）や、教師の指導方針や学級目標の違いによって生じるため（蘭・武市、1996）、それらを把握することが、アセスメントの目的です。

　この目的を達成するための方法としては、例えば伊藤（2009）が参考になります。それは、子ども個人に対するアセスメントと同様に、①観察法、②面接法、③調査法が考えられます。子どもたちのかかわりの様子を観察し、気になる行動が見られる子どもについては、それぞれ個別に呼んで話を聞きます。さらに、仲間関係や学校生活についての調査をすることで、客観的な情報を得ます。これらのような複数の情報を統合的に判断することで、学級集団についての多面的な理解が可能となるのです。

　アセスメントを実施し、その結果から得られた情報の整理を通して、学級の特徴を明らかにすることで、具体的な支援の計画やその手立ても明確になります。その後、一定期間支援に取り組み、支援の効果を確認するために、再度、学級集団をアセスメントします。

その結果に基づき、支援を継続するのか、新たな支援に取り組む必要があるのかを判断することも重要です。

⑵　アセスメントの視点

　学級集団の状態をアセスメントする視点としては、学級集団についての研究や事例を整理して、学級集団の特徴をまとめた研究がとても参考になります。

　例えば、根本 (1991) は、目標とされる学級集団の状態として、①すべての子どもが自発的に学級の諸活動に取り組み、自己実現を指向し、②いじめがなく、学級生活を楽しみ、援助的関係を含む友情が確立している、③自由な開放的雰囲気でありながら、集団としての規律と自治が確立している、という３つの状態像を挙げました。

　また、蘭・武市 (1996) は、教師から見て学級づくりが成功した事例と失敗した事例について、成功学級では「明確な学級目標がある」「学級に対する帰属意識が高い」「学級内の人間関係が良好かつ協力的」など、失敗学級では「過度な規律の重視」「強制的・否定的な指導態度」「人間関係の不成立」「学級に対する帰属意識の低さ」などを、共通する特徴として明らかにしました。これらの共通点を整理すると、学級の状態をとらえるには、「良好な人間関係」「学級内の規律」「学級に対する帰属意識」に注目するとよいと考えられます。

　また、現在の学校現場では、「Q-U」「アセス」「学級風土」などの質問紙を用いて、学級集団の特徴をとらえる方法が多用されています。例えば、Q-U (河村、2000) は、学級内で充実感を感じたり、他者から認められているかという「承認感」と、いじめや冷やかしの被害や孤立感を感じているかという「被侵害感」という２つの要因から、子どもの学校・学級生活に対する満足度をとらえ、その結果に基づいて学級集団をアセスメントします。同様に、アセス (栗原・井上、2010) は６つの要因から、学級風土 (伊藤・宇佐美、2017) は

8つの要因から、学級集団をアセスメントします。これらの質問紙では、それぞれの理論的背景をもとに作成されていますが、先に述べた「良好な人間関係」「学級内の規律」「学級に対する帰属意識」についても知ることができ、アセスメントに応じた具体的な支援の在り方についてもさまざまな提案がなされています。

3　学級集団の状態と登校促進支援の在り方について

　本節では、学級集団の状態に応じた登校促進支援の在り方を紹介しますが、特に不登校の「前兆期」と「社会復帰（活動期）」に焦点を当てています。第1部で述べたように、これらの段階の子どもは、登校はしているが学校生活がつらくなり始めている、あるいは不登校から学校復帰し自立を目指している子どもたちです（小澤、2006）。
　「前兆期」の子どもは、子ども個人と学級環境とのミスマッチが大きくなり、不適応的になりつつある状態です。一方、「社会復帰（活動期）」の子どもは、子ども個人と学級環境とのミスマッチが小さくなりつつあるため、ミスマッチをより小さくするような取り組みを行うことで、適応を促していく状態と考えることができるでしょう。そのため、これらの子どもへの登校促進支援は、子ども個人の能力を高めようとする支援と、個人を取り巻く環境を個人に合わせて調整する支援について検討する必要があるのです。
　そこで以下では、学級集団をアセスメントする際の3つの視点ごとに、Q-U、アセス、学級風土などを活用した研究や実践を参考に、効果的な登校促進支援の在り方を紹介します。

⑴　良好な人間関係が形成されていない学級
①子どもたちの様子や学級の雰囲気
・学級活動など諸活動への取り組みに活気がなく、停滞気味。

・授業中に発言する子どもが限定的、または発言がない。

・教師に対して心理的な距離を感じている子どもが多い。

・教師に対して本音を話さず、事務的なやりとりが目立つ。

②ミスマッチになりやすい子どもの特徴

・自分に自信がない。

・自己主張など能動的に動くことに対する苦手意識がある。

・他者の目が気になる。

・他者との優劣が気になる。

③登校促進支援のポイント

　①②から考えられる支援の視点は、「不安・緊張の緩和」です。また、不安や緊張が高まることで「孤立」してしまう子どもへの対応も求められます。

　良好な人間関係が形成されていない学級では、教師、クラスメートと話をしたり一緒に活動をするなど、かかわる機会を通して、不安や緊張、孤立の緩和を目的とした支援が必要となります。

　支援の内容と進め方については、大谷・粕谷 (2020) が大変参考になります。そこでは、(1)緊張をほぐす、(2)関係をつなぐ、(3)関係をつくる、(4)伝え合う、という順番の支援を紹介しています。具体的には、(1)ではテンポよく進みゲーム性の高いアイスブレイクと、ポジティブな言葉をかけ合う機会をつくりながら安全感を確保します。(2)では1人1役などを担ったグループワーク（班や係活動なども含まれます）など、他者とかかわる必然性が設けられた役割交流を、(3)ではお互いの共通点を見つけるための浅い自己開示から、個人的な事柄や内面に関して無理のない範囲での少し深い自己開示をします。ここまで進むと、ある程度の関係性が形成されますので、(4)では形成された関係性を維持するために肯定的な関心を表出させることが重要となります。

　このような取り組みを、新年度や新学期が始まったタイミングは

もとより、班替えなどをしたタイミングでも実施することで、より効果的な支援になると考えられます。

⑵ 学級内の規律が定着していない学級

①子どもたちの様子や学級の雰囲気

・時間を守れない、授業中の私語などの小さな規律違反が目立つ。

・教師の指示に従わない、反発する子どもが増える。

・いじめなどの他者を傷つける行為が見られる。

②ミスマッチになりやすい子どもの特徴

・規則を守って諸活動に取り組んでいる。

・トラブルに巻き込まれやすい。

・気が弱い、おとなしい。

③登校促進支援のポイント

　①②から考えられる支援の視点は、「子どもたちが納得できる規律の設定」です。

　学級内の規律について学級集団を構成するメンバー間で合意形成ができていない場合、その規律は早い段階で守られなくなり、さらに、反発する者の出現によって意味をなさなくなるという特徴があります（藤原、1991）。このような特徴を踏まえると、子どもたちが納得できる規律を設定し、賞罰ではなく、守らなければならない理由を説明し、守らせる指導は一貫させることが重要になります。

　これらのことを考慮した具体的な対応については、河村（2012）がとても参考になります。具体的には、学級目標を達成するために規律があることを意識させ、子どもたちと一緒に具体的な行動レベルで規律を考えます。そして、規律が守れた場合はすぐにほめる一方で、小さな規律違反も曖昧にしたりスルーしたりせずに指導することです。また、班活動や係活動といった場面も活用し、まじめに取り組んでいる子どもを評価する機会を設けることも有効であると指

摘されています。

　つまり、学級内の規律が定着していない場合は、「学級の規律を定着させることを通して、まじめに取り組んでいる子どもが正当な評価を受ける」という学級にすることが重要になると考えられます。さらに、規律が定着することで、対人トラブルで不登校になった子どもも安心して戻ってこられる学級になると言えるでしょう。

⑶　子どもの学級に対する帰属意識が低い学級

①子どもたちの様子や学級の雰囲気

・学級の一員だという意識が低い。

・学級を居場所と感じていない。

・学校生活への意欲が低く、諸活動への取り組みが後ろ向き。

②ミスマッチになりやすい子どもの特徴

・責任感があり、学級をまとめようと頑張るリーダー。

・学級生活をよくするために協力している。

・学校生活での自分なりの楽しみがなくなった。

③登校促進支援のポイント

　①②から考えられる支援の視点は、「集団としてまとまることの良さに気づかせる」ことです。

　子どもたちの帰属意識が低い学級での支援については、集団を構成するメンバーを結びつけ、集団としてのまとまりを強める集団凝集性（狩野、1995）を高める方法が有効だと考えられます。狩野の指摘を参考にすると、学級でのさまざまな活動が自分（子ども）のためになっていると実感させるために、諸活動の目標を明確にして、達成するための具体的な方法を教示したうえで活動に取り組ませ、子どもに成功・達成経験を積ませることが重要となります。その際に、グループ作業なども取り入れることで、良好な人間関係を形成するきっかけとしつつ、クラスメートと一緒に活動して成功したと

いう共通体験をさせることで、より効果的になると考えられます。そして、上記のような取り組みをする際には、教師もできる限り参加し、学級の公的な役割を担っている子どもを労うなどのサポートをする必要があるでしょう。

　以上のことから、子どもの学級に対する帰属意識が低い学級集団では、まずもって「学級での活動が自分のためになる」ということを実感させることが重要になると言えるでしょう。あわせて、そのような学級に良好な人間関係が形成されることで、より登校が促進されると考えられます。

〈引用・参考文献〉
蘭千壽・武市進（1996）「教師の学級づくり」蘭千壽・古城和敬編『教師と教育集団の心理』誠信書房、77-128頁
藤原正光（1991）「学級の『きまり』の受け入れと拒否」稲越孝雄・岩垣摂・根本橘夫編著『学級集団の理論と実践―教育学と教育心理学の統合的発展をめざして』福村出版、193-208頁
不登校に関する調査研究協力者会議（2016）「不登校児童生徒への支援に関する最終報告～一人一人の多様な課題に対応した切れ目のない組織的な支援の推進～」
伊藤亜矢子（2009）「学級アセスメントの具体的な進め方―個と集団を育てる学級づくりスキルアップ」『児童心理』63（6）、78-82頁
伊藤亜矢子・宇佐美慧（2017）「新版中学生用学級風土尺度（Classroom Climate Inventory; CCI）の作成」『教育心理学研究』65（1）、91-105頁
狩野素朗編（1995）『対人行動と集団』ナカニシヤ出版
河村茂雄（2000）『Q-U学級満足度による学級経営コンサルテーション・ガイド』図書文化社
河村茂雄（2012）『学級集団づくりのゼロ段階』図書文化社
近藤邦夫（1994）『教師と子どもの関係づくり―学校の臨床心理学』東京大学出版会
栗原慎二・井上弥編著（2010）『アセス（学級全体と児童生徒個人のアセスメントソフト）の使い方・活かし方』ほんの森出版
文部科学省（2019）「不登校児童生徒への支援の在り方について（通知）」令和元年10月25日
根本橘夫（1991）「学級集団の規範、発達過程および機能」稲越孝雄・岩垣摂・根本橘夫編著『学級集団の理論と実践―教育学と教育心理学の統合的発展をめざして』福村出版、46-67頁
大谷哲弘・粕谷貴志（2020）『かかわりづくりワークショップ―緊張と不安がすーっと消える入学オリエンテーション』図書文化社
小澤美代子（2006）『続 上手な登校刺激の与え方』ほんの森出版

校内資源等の活用による登校促進

【第8章　ナビゲート】

　この章では、学年や学級担任を中心とする不登校への支援を、さまざまな形で支える役割を担う校内資源等について説明しています。従来から協力関係を築いていた養護教諭やスクールカウンセラーに加え、多くの支援資源があることがわかると思います。

　校内資源等は、学級への復帰を見据えた準備段階、回復過程の主に中期から後期、社会復帰の段階で利用されることが多いでしょう。その支援の特徴について、事例を踏まえて紹介します。

　担任が中心となって支援していくにしても、担任や学年団だけで支え切れるものではありません。校内資源等のそれぞれの特徴をよく理解したうえで、効果的な活用を図りましょう。「チーム学校」での支援が重要となるのです。

1　さまざまな登校の形

　現在、不登校状態になった子どもには、さまざまな形での登校が認められるようになっています。保健室や別室への登校、放課後の登校もスタンダードになってきています。担任や関係職員が自習課題を用意したり、給食を運んだり、放課後に教室でかかわっていたりする時間が、子どもたちが元気を取り戻すことにつながっています。

各教育委員会が設置している教育支援センター（適応指導教室）も形を変えながら発展し、多くの子どもたちを受け入れています。また、不登校の子どもたちの家庭を訪問して支援する訪問相談員も、学校と子ども・家庭をつなぐ1つの形として活用されています。

　また、以前は外部の人材としてアドバイスやコンサルテーションを行っていた専門家が、今は校内に学校職員として配置されています。スクールカウンセラーやスクールソーシャルワーカー、心の教室相談員などです。それはまた登校の形にバリエーションを与え、週1回カウンセリングの日だけ登校するということもあります。

　次に、さまざまな形での登校を7つ、事例として挙げてみたいと思います。

⑴　保健室登校で、養護教諭が丁寧に寄り添う

　Aさんは、中学校1年生の夏休み明けから登校できなくなりました。入学後、保健室の利用が多く、養護教諭が気にかけていた生徒です。担任と養護教諭で何回かの家庭訪問をしたことをきっかけに、保健室登校を始めました。

　Aさんは、コミュニケーションに苦手さをもち、困ったことがあっても自分から助けを求めることができません。また、イレギュラーな出来事があると混乱し、どう行動すればよいか考えられなくなります。登校した際に、昇降口に鍵がかかっていると、誰にも声をかけることができず、帰ってしまったりするのです。

　誰かが丁寧に寄り添うことが必要な事例でしたので、その部分を養護教諭が引き受けることになりました。まずは登校する時間、校内への入り方、靴を置く場所、座る位置などを細かく打ち合わせ、一つ一つ確認しながら登校の定着を目指しました。

　校内での居場所がはっきりし、保健室登校が安定してくると、次第に表情が明るくなってきました。自習が中心でしたが、保健室の

掲示物づくりなどの手伝いもします。Ａさんが器用なことが先生方に伝わると、職員室から簡単な手伝いが発注されるようになって、Ａさんは喜々として取り組んでいました。もちろん担任は日に１〜２回は顔を見に来ました。その他にも、教科の先生がときどき勉強を教えに来てくれて、Ａさんは、かかわる人の幅が少しずつ広がっていったのです。

　ただ、同年代の子どもとのかかわりが苦手ということもあり、卒業まで教室復帰はかないませんでしたが、適切な進路指導もあり、高校進学をきっかけに登校（社会復帰）が進みました。Ａさんが選んだのは、少人数での学習体制をとり、ラッシュ時が過ぎてからゆっくりと登校できる通信制の高校でした。

⑵　校内適応指導教室で、教室復帰のリハビリ体験

　Ｂさんは、中学校２年生の３学期に教室に入れなくなりました。友達のＳＮＳに中傷的な書き込みをしてしまったことがきっかけでした。

　この出来事は、Ｂさんが自分の行動を反省し、友達にあやまることができたので、「もう解決したトラブル」として扱われていましたが、友達との感情の亀裂は深く、教室での空気に耐えることができなくなりました。

　Ｂさんは、もともとは元気で仲間がたくさんいる子ですので、一時的なエネルギーの低下だと思われます。担任から「校内適応指導教室はどうか」と提案されると、翌日からすぐにそこで過ごし始めました。

　数日はとても緊張し、他の生徒を避けるようにして過ごしていましたが、空き時間に来てくれる担任や、給食を運んでくれるクラスの生徒と接するうちに、緊張は少しずつ緩んでいきました。その後、時間をかけてトラブルのあった生徒と接する機会を増やしていきま

した。Bさんが教室に復帰するまでには、半年ほどの時間を要しました。思春期の子どもの傷つきやすさや、回復の難しさを示す事例です。

⑶　放課後登校で、担任が元気を引き出す支援

　小学校5年生のCさんは、勉強のことで困っていました。計算や漢字の書き取りは問題がないのですが、先生の指示や発問が聞き取れず、また作文がうまく書けません。高学年になり、授業中にやっている内容がわからなくなることが増え、欠席が増えていきました。担任は、Cさんが勉強に困っていることがわかると、何とか登校につなげようと、登校した日は休み時間に勉強を見たりしたのですが、そのことによって、息抜きの時間だった業間休みや昼休みもなくなってしまい、気がつくと不登校になっていました。

　Cさんは担任の先生が大好きで、担任が家庭訪問すると、とてもうれしそうです。体を動かすことが大好きなCさんなので、担任はもし学校で会うことができれば、体育館などでいろいろできそうだと考えました。そこで、放課後に少しの時間登校することを提案し、保護者の協力を得て週1回の放課後登校が始まりました。

　週1回、広い体育館で担任と2人思い切り遊びました。登校や勉強の話は一切しません。母親の話だと、登校する予定の日をとても楽しみにしているようです。この、ただただ思い切り遊ぶ担任のかかわり方は、Cさんが元気になっていく手伝いとなりました。この放課後登校は、ずっと続き、Cさんが教室に入ることができたのは6年生の3月です。そして、クラスのみんなと卒業式に参加することができました。

　担任がどんな役割を担うかは、子どもの状況によってさまざまです。この事例の場合、「ただ遊んでいるように見える」かかわりが「Cさんの元気を引き出す大切な支援だ」と職員全体で確認するこ

とができたことで、互いの役割を労い合いながら、担任を支え、Cさんの回復につながっていきました。

⑷　相談室で、スクールカウンセラーや母親と過ごす

　Dさんは、中学校の入学式に出席したあと、次の日から登校できなくなりました。

　小学校３年生のときに医療機関で選択性緘黙と診断を受けている生徒で、小学校の６年間、学校ではまったく話をしなかったということです。中学校では、入学前に保護者とDさん本人を交えて面談をし、「入学式の呼名の返事をどうするか」「教室での自己紹介をどうするか」「生徒や先生方にどんなふうに伝えるか」などが話し合われました。Dさんに負担のない方法が提案され、入学式を迎えましたが、残念ながら不登校になってしまいました。

　登校しなくなって、母親はすぐにスクールカウンセラーを訪れます。Dさんは、入学式の翌朝、「もう行かない」と言ったきり、何を聞いても答えません。登校する様子もなく、家では動画を見たり、ジグソーパズルをしたりして過ごしているとのことです。

　スクールカウンセラーは、Dさんに手紙を書き、相談室のことを伝えました。「お話をしなくてよいこと」「お母さんと一緒でよいこと」「パズルや手芸などの好きなことがあれば一緒にやれること」などです。母親が１人で何回か面接を受けたあと、Dさんも一緒に来るようになりました。

　週１回、決まった時間に来て、少し離れたところでジグソーパズルをしますが、母親とスクールカウンセラーの世間話に耳を傾けている様子が見て取れました。そこで、担任にも加わってもらい、世間話に、学校の活動やクラスの話題も何気なく入れてもらいました。視線はジグソーパズルに向かっていても、耳は会話を聞いているようです。そんな相談室の時間がしばらく続きました。

Dさんにとって教室はまだハードルが高く、保健室登校や校内適応指導教室の利用になると思いますが、Dさんの希望や状況を見ながら、ゆっくり進めていけばいいのではないでしょうか。

⑸　学校で過ごす時間を限定することで、子どもが動き出す

　Eさんは、小学校6年生の2学期に、家庭の事情で転校をしてきました。都市部の大規模の学校から、学年1学級の小規模な学校への転校です。クラスは17名で、保育園の頃からほぼ同じメンバーで過ごしてきており、すでにできあがっている友達関係の中に入っていくのは大変なことでした。

　クラスの子どもたちはEさんを明るく迎えました。しかし、Eさんは学校でのいろいろなことにとまどい、うまくなじんでいくことができません。登校しても、3時間目を過ぎる頃には腹痛や吐き気などを訴え、早退することが多くなりました。

　学校では、校長を中心に、Eさんの支援会議を開きました。環境の大きな変化に適応できないで苦しんでいるEさんを支えるための会議です。この会議では、慣れるまでは「学校で過ごす時間を短くする」提案をEさんにすることになりました。担任とEさんが相談し、「現状を考えると2学期の間は2時間目終了時で下校し、あとは家でゆっくり過ごすこと。3学期にはまた相談する」ということになりました。

　保護者とEさんと相談のうえ、クラスの子どもたちには担任から「Eさんは引っ越しや転校で、疲れから体調を崩しています。しばらくの間は2時間目まで勉強し、そのあとは家で過ごすことになりました。体調がよくなってきたら、またみんなと同じに過ごせるようになると思うので、それまではみんなで協力しましょう」と話しました。

　学校で過ごす時間がはっきりと示されたことで、Eさんは自分の

活動に見通しがつき、登校している時間は比較的明るく過ごすことができるようになりました。担任は、ときどき「もうちょっと長くいられるかもしれない」と思いましたが、2学期が終わるまでは焦らず、この態勢で見守ることにしたのです。3学期からは給食までとし、3月に入ってからは、全日学校で過ごすことができるようになりました。

　「時間を区切る」「期間を区切る」ということが不登校の対応に有効な場合は多くあります。それは決して、その期間で目標を達成するということではなく、行動の継続、子どもの見立て直し、目標の立て直しのための期間です。今の状況がいつまで続くのか不安に思っている子ども・保護者や先生方は多くいます。何をいつまですればいいのかがはっきり見えることで、不安が軽減され、そこから子どもが動き出すということもあります。

⑹　教育支援センター（適応指導教室）に居場所ができる

　中学校3年生のFさんは、友達とのコミュニケーションがうまくいかないことがあり、小学校の高学年になってから、教室でときどきトラブルを起こしていました。5年生のときに医療機関で検査を受け、自閉スペクトラム症の診断を受けています。

　中学校入学後は、うまくいかないことがあったときにパニックを起こすことがありましたが、学年職員が特性に合った対応をしていたこともあって、短時間で安定し、翌日はまた元気に登校をしていました。

　しかし、中学校2年生の2学期、夏休みの宿題を勘違いし、1つ提出ができなかったことから様子が変わっていきました。暗い表情であまり話をしなくなり、授業中に頭痛や腹痛を訴えて保健室に行くことが頻繁になりました。担任も保護者も、きっかけといえば、そのことしか思い当たりません。ただ、宿題のことで強い叱責を受

けたわけでもなく、本人に聞いても「別に」と答えるだけです。適切な支援を見つけられないまま、次第に欠席が増え、3月にはまったく登校できなくなってしまいました。

　家の中では元気で、ゲームや動画を見て過ごしています。休日には友達と遊んでいますし、家の手伝いもしています。活動の活力は失っていないようでしたが、学校には短時間でも、別室でも、登校することはできません。担任には、登校できない理由を見つけることができませんでした。

　担任は、Fさんの支援会議の開催を要請しました。会議では、学校以外の場所なら行くことができるのではないかが検討されました。そこで、教育支援センター（適応指導教室）を紹介したところ、Fさんは母親と一緒に見学に行き、その後、何回かの体験を重ね、5月の連休明けから通級が始まりました。

　Fさんは、卒業までの間ほとんど欠席もなく、教育支援センター（適応指導教室）に通うことができました。指導員の先生方とも良好な関係を結び、高校受験に向けての勉強も始めました。学校では会うことができなかった担任とも、教育支援センターでは普通に会って話ができたので、進路指導もスムーズに進みました。

　Fさんは学校には登校できませんでしたが、学校以外の支援施設である教育支援センターに通所することができました。Fさんにとっては、登校できない間、教育支援センターが安心して過ごせる居場所になったのです。教育支援センターは学校と連携できれば、通所した日を学校の出席日としてカウントできる場合もあります。

　Fさんは、指導員の先生からの学習の援助と担任の進路指導を受けることで、高校進学の道が開けることになりました。

(7)　訪問相談員の支援で、学校が子どもや母親とつながる

　小学校4年生のGさんは、新型コロナウイルスの緊急事態宣言に

よる休校が明けて学校が再開したあとも、感染への不安から登校することができません。もともと環境の変化に弱く、これまでにも何か不安なことがあると登校ができなくなったり、大きな行事が近づくと体調を崩したりすることがたびたびありました。

　Gさんは報道される感染状況に一喜一憂し、絶対に家の外に出ないので、とても登校できる状態ではありません。ただ、家の中は安全と感じているようで、日常生活は普通に送っていますし、担任が家庭訪問すると会うこともできます。校内の支援会議では、保護者の話や本人の様子、これまでの経過から、新型コロナウイルスの感染状況が収まるまで、長期間登校できないだろうと考えました。そこで、不登校の子どもを支援する訪問相談員（家庭訪問による相談活動をする学校勤務経験者など）を要請する提案をGさんと保護者にすることになり、担任がこの提案をすると、Gさんと保護者は快諾しました。

　最初は、担任と訪問相談員が一緒に家庭訪問をしました。玄関でGさんや母親に会うことができて、訪問相談が始まりました。その後は、週1回、訪問相談員が家庭訪問し、母親が同席しなくても、Gさんと2人で会うことができるようになりました。訪問相談を繰り返す中で、「訪問を楽しみにしている」「外で遊びたい」「勉強が遅れることが不安」などと話すようになり、Gさんとのつながりが少しできたと考えられます。今後、不登校が長期化することも想定されるGさんがどのような援助を必要としているか、どの課題にどの程度適応できるか、母親の支援をどうするかを見立てながら訪問相談を継続することになります。

　また、学校とのつながりを切らないように、その段階に応じたさまざまな登校促進（教育支援センターへの通所、相談室登校、放課後登校、保健室への登校、校内適応指導教室への登校、時間限定登校など）の可能性も探りながら、家庭以外の居場所や第三者につな

げることも学校や訪問相談員が担うことになります。

2 校内資源等の活用のポイント

　校内資源等を活用してさまざまな形で登校促進を支援するために
は、子どもの今の状態を理解したうえでの、見立てと回復過程の把
握が重要です。

(1) かかわりに見通しと根拠をもつための見立て

　子どもの今の状態を知り、かかわりに見通しと根拠をもつために
は、見立てること（アセスメント）が重要です。今どんな状況なの
か、きっかけは、背景は、できることは何か、本人はどうしたいと
思っているかを知らなければ、どんな支援を行ったらよいのか決め
ることができません。管理職や養護教諭、スクールカウンセラーを
含めた支援会議をもてることが理想ですが、無理な場合は、実際に
かかわる職員が集まって、見立てや支援方針を考えていくのでもよ
いと思います。

　その際には、第1章で紹介した「不登校の状態像チェックリスト」
（20ページ）、「不登校の回復を援助するかかわりチェックリスト」
（22ページ）を活用することをおすすめします。

(2) 不登校の回復段階に応じたさまざまな形での登校促進

　不登校の回復段階でさまざまな形で登校促進を支援するために
は、回復過程の全体像や特徴を把握しておくことが必要です。段階
に対応するかかわりをすることで、子どもはエネルギーを貯め、状
態が改善され、回復過程の次の段階に進むことができます。

　子どもの回復には時間がかかることも多く、保護者や学校が焦り
を感じてしまうことがあります。子どもは、回復の階段を一段上が

ったら、長い踊り場をしばらく歩いて、次の段を上がるかどうかを探ります。階段をトントンと上がっていくことはまれなのです。この踊り場がどのくらい長いのか、予想できないことが焦りへとつながってしまうのだと考えられるので、回復過程の全体像や特徴の把握は重要となります。

　それは、段階に応じたさまざまな登校促進（教育支援センターへの通所、相談室登校、放課後登校、保健室への登校、校内適応指導教室への登校、時間限定登校など）の可能性を探ることにもつながります。

　また、さまざまな登校促進で大切なことは、不登校の子どもの安心できる居場所やかかわる人の存在です。次の段階への登校促進では、受け入れ先の体制づくりを依頼する必要があり、ようやく回復復帰しても受け入れ先の体制が整っていなければ、続けることが困難になります。学校は子どもや保護者の意向を十分聞き、必要な配慮をしながら、子どもと受け入れ先をつないでいくことになります。学校が大事なパイプ役となるのです。

＊取り上げた事例は、プライバシーに配慮し、本質の部分を抽出する形でいくつかの事例を組み合わせたものです。

第9章

保護者を知り、協力関係を築く ⚙

【第9章　ナビゲート】

　保護者との協力関係を築くためには、保護者との信頼関係が何よりも重要です。そのためには保護者の気持ちを知ることが大切です。

　保護者の立場からわが子の不登校を見たとき、子どもを受容できるようになるまでの変遷に注目し、5つの段階を提示しました。そして、その受容の段階と子どもの回復過程の段階とを重ね合わせて、保護者に必要な支援についても紹介します。

　不登校支援にかかわる関係者の中でも、特に保護者支援が中心になる方にはぜひ読んでいただきたい章です。

1　保護者の不安とは

　保護者との連携を効果的に促進するためには、まず不登校の子どもを抱えた保護者の不安を軽減することが重要です。このことが保護者との信頼関係を生みます。信頼関係ができることで、さまざまな面での保護者との協力関係が得られ、連携が促進されます。

　子どもが不登校になると、多くの場合、保護者は「どうしてこんなことになってしまったのか」ととまどい、「他の子は普通に学校に行っているのに、どうしてこの子は行けないの？」と比較し、「自分たちの育て方に何か問題があったのだろうか」とか「学校で何かあったのではないか」など、さまざまな原因に関することで思い悩み

ます。

　そして、このとまどいと比較は、やがて怒りへと変化します。その怒りの矛先は、子ども本人であったり、学校であったり、あるいは夫婦間であれば夫や妻にそれぞれ向けられる場合もあるでしょう。当然、自分自身に向かう場合もあります。家族構成によっては、祖父母等が登場する場合もあるかもしれません。

　それからしばらくして、子どもが一日中家で生活する期間が長く続くようになると、「いったい、いつになったら学校に行けるようになるんだろう」とか「このまま、ずっと家にひきこもってしまうのではないか」「30歳、40歳までそんなことになったらどうしよう」「自分が先に死んでしまったあとはどうなるのか」などと先のことばかりを思い悩み、不安は増すばかりです。すべての時期に不安は潜在していますが、子どもが一日中家で過ごす期間が長期化する時期（不登校の回復過程の段階で言うと「中期（膠着期）」、第1章の図1-1参照）に、保護者の不安は最も顕在化します。この不安の顕在化と増大は焦燥を生みます。

　焦燥は、時には思いもよらぬ行動を引き起こすこともあります。例えば、宗教団体や教育団体の名を借りたいかがわしい活動への傾倒、あるいは子どもへの物理的強制力の行使など、通常では考えられないようなことが起こりがちです。

　さて、焦りからいろいろな試行錯誤をする時期が過ぎると何をやってもダメだと思うようになります。これは半分あきらめですが、このあきらめから放棄へ向かってしまう場合もあります。しかし、そうならずに「身を捨ててこそ浮かぶ瀬もあれ」「そもそも、子どもを自分の思うようにしようということ自体がおこがましい」と思えるようになると、新たな展開が開けます。無力を悟ったうえで今の状態を受容し、できることに積極的にかかわるような気持ちになってくると、保護者との連携は一気に促進されます。そのための支援

図9-1　子どもが不登校になったときの保護者の気持ちの推移

を、私たちはしていく必要があります。

　保護者の気持ちはおおむね、図9-1のような経過をたどります。それぞれの時期に保護者が抱く不安を根底にした気持ちに寄り添いながら適切に対応することで、不登校の子どもに対する保護者の気持ちを、放棄ではなく受容の段階に結びつけることが大切です。それが、保護者との信頼関係の構築にとって最も重要となります。

2　保護者の不登校受容過程と子どもの不登校回復過程

　図9-2は、保護者の不登校受容過程と、第1章で紹介した不登校

図9-2　保護者の不登校受容過程と
　　　　子どもの不登校回復過程

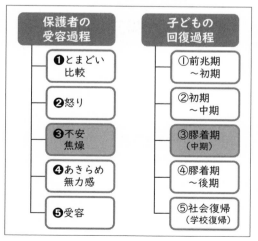

の回復過程を重ねたものです。子どもの回復過程のどの段階で、保護者はどのような気持ちを抱えているのかがおおむね理解できるのではないかと思います。

　これらの段階の中で、子どもの状態と保護者の気持ちが一番ずれるのが、子どもの「③膠着期（中期）」と保護者

の「❸不安・焦燥」のときです。子どもはこの時期に自分の好きなことをして、エネルギーを貯めようとしています。ところが、それが保護者には「学校へも行かず、好き勝手なことばかりしている」と映ってしまいます。この不安と焦りから無理やり子どものやっていることをやめさせたり、無理に違うことをさせようとすると、かえって不登校を長引かせてしまう結果になることが多いのです。

　また、保護者が「❹あきらめ・無力感」から「❺受容」へと向かわずに、かかわりを放棄してしまう場合があります。この場合も長引かせることにつながります。

　さらに、保護者との連携で、子どもに復帰への力がついたとき、それが学校へ向かうのか、学校以外のところへ向かうのかは、学校の復帰のための集団づくりがどの程度うまくいったのかにもかかってくることになります（もちろん、それだけではありませんが）。

3　保護者の不安への対応

　保護者の不安は、大きく分けると「進路に関すること」と「ひきこもりに関すること」の２点です。

・**進路に関すること**　これは、直接的には「勉強が遅れてしまうのではないか」、そうなると「上級の学校でうまくやっていけるのか」となります。そこに入試が絡んでくると、「入試に悪影響が出てしまうのではないか」「そもそも進学できるのか」といった具合で、「いつになったら登校できるようになるのか」と、できるだけ早い学校復帰を望むようになりますが、それがなかなかうまくいかないことに苛立ちを覚えるようになります。

・**ひきこもりに関すること**　これは、すでに述べたとおり、不登校状態がそのままひきこもり状態に移行して、一生家から出られなくなってしまうのではないかという心配です。

ここでは、直近の問題とその先の問題の2つに分けましたが、す
でにお気づきのとおり、2つとも子どもの将来に対する不安の表れ
なのです。ですから、この不安をできるだけ軽減することが必要で
す。

　そのためには、保護者の思いをしっかり受け止めることが必要で
す。保護者の支援で傾聴が最も重要とされるゆえんです。まずは、
きちんと話を聞きましょう。そこからしか何も始まりません。

　対応としては傾聴が第1ですが、さらに、そこに付け加えるなら
ば、進路とひきこもりの問題について、先への希望を見出せるよう、
次に紹介するような事実を伝えることができればベストです。

4　不登校の子どもたちの実際と保護者の役割

　例えば、不登校生徒に関する追跡調査研究会の「不登校に関する
実態調査」などの結果から、中学校3年のときに不登校だった生徒
の多くは、高校進学を果たしているし、20歳のときには就業あるい
は修学をしている（資料9-1）、ということなどを話すことで、多
少の安心感を与えられます。

資料9-1　不登校生徒のその後

【中学校卒業後の高校進学状況】
・高校進学率：85.1%
・高校中退率：14.0%
【20歳現在の就学・就業状況】
・就業のみ：34.5%
・就学のみ：27.8%
・就学・就業：19.6%
・非就学・非就業：18.1%

文部科学省・不登校生徒に関する追跡調査研究会
「不登校に関する実態調査―平成18年度不登校生
徒に関する追跡調査報告書」2014年より作成

　あるいは、ひきこもりの実態
調査である「生活状況に関する
調査」（内閣府、2018年）によれ
ば、初めてひきこもりの状態に
なった年齢は、19歳未満は2.1%
程度であることや、そのきっ
けの多くが「退職」「職場になじ
めない」「就職活動がうまくい
かなかった」など就業にかかわ
ることで、必ずしも不登校から

ひきこもりに移行するわけではないことなども話せると、保護者は
落ち着いてじっくりとわが子の不登校と向き合うことができるよう
になります。

　それは、この先の状況が、少なからずイメージできるようになる
からだと思います。ある程度でもかまわないので将来のイメージが
描けるようになると、将来への不安は少しだけ軽減されるようで
す。

　こうした情報提供や傾聴によって、わが子の将来（進学やひきこ
もり等を含む）に対する保護者の疑問がある程度解消し、不安が多
少なりとも軽減してくると、支援者とのよい関係は維持強化されて
いきます。

　ここからが本当の意味での連携です。第1章で紹介した【不登校
への基本対応】においても述べられているように、保護者には子ど
もの細かな観察を行ってもらいましょう。この保護者による観察結
果の提供が、支援に携わっている専門家のアセスメントにおいて重
要な情報となるわけです。それによって、次の一手が決まることに
なります。

第10章
発達障害の二次障害
としての不登校

【第10章　ナビゲート】

　発達障害があるから不登校になるわけではありません。適切な支援が受けられなかったり、環境が合わなかったりする状況の中で、周囲とのコミュニケーションがうまくとれなくなることによって、二次障害として不登校になる場合があるのです。その場合、周囲とのコミュニケーションの部分だけを改善しようとしてもなかなかうまくはいかないようです。適切なアセスメントを行い、ＰＤＣＡサイクルの中で支援の修正・補完が行われていくことが大切です。

　そして、適切な支援に加え、学校や学級でユニバーサルデザインによる教育やダイバーシティ（多様性）を推進することで、発達障害の二次障害での不登校を予防したり、復帰促進につながる集団の成長が望まれるのではないでしょうか。

1　不登校と発達障害の関連性

　不登校の子どもたちの中に発達障害の可能性がある子が多いことは、不登校の支援にかかわる人たちにとっては、以前からいわば常識としてとらえられてきました。

　しかし、医療機関や教育機関からはいくつかの調査結果が報告はされていますが、文部科学省としては詳しい調査は行われていません。関連が初めて明記されたのは、2003年の「今後の不登校の対応

の在り方について（報告）」（不登校問題に関する調査研究協力者会議、2003）
の「不登校問題の現状」の中で、新たに「不登校との関連性が注目
されるようになってきているもの」として「学習障害（ＬＤ）、注意
欠陥／多動性障害（ＡＤＨＤ）」と「保護者による子どもの虐待」が
挙げられています。

　これは、発達障害が学校の問題というよりも本人の器質的な問題
であり、医療的な対応が中心であるというとらえ方があったと思わ
れます。発達障害は一次障害ですが、医療では発達障害そのものを
治すことは難しく、発達障害に伴う抑うつ状態や不安の軽減といっ
た二次障害への対応に限られることになります。その二次障害の中
に、不登校やひきこもりといった状況も含まれるので、発達障害と
ともに学校の対応もクローズアップされてきたとも言えます。

　そこで、ここでは「発達障害の二次障害としての不登校」として
とらえたうえで考えていきたいと思います。

2　発達障害とは

　小・中学校の通常学級で「知的に遅れはないものの学習面又は行
動面で著しい困難を示す」とされる子どもの割合は6.5％という数字
が出ています（「通常の学級に在籍する発達障害の可能性のある特別な教育
的支援を必要とする児童生徒に関する調査結果について」文部科学省、2012
年）。それらの子どもたちに考えられるのは、学習障害（ＬＤ）や注
意欠如多動性障害（ＡＤＨＤ）、自閉症スペクトラム障害（ＡＳＤ）
などの発達障害の特性です（ＤＳＭ-５では名称・表記が異なりま
す）。人数で言えば、30人のクラスであれば１〜２名の該当者がいる
ことになります。

　ＬＤの特性としては、読み書き困難や算数障害など学習面に関し
て、ある分野だけが極端に落ち込むという特徴が見られます。ＡＤ

ＨＤは、注意集中や落ち着きに課題があります。ＡＳＤは、こだわりの強さと対人コミュニケーションに課題が出てきます。これらは「脳機能の障害」であって、器質的なものです。ただ最近は「第４の発達障害」として虐待との関連が指摘されるようになりました。それは脳科学的な調査研究から、虐待やマルトリートメント（不適切な養育）を受けると脳が委縮・変形するとの研究結果です。とすると、法的な定義の「器質的」ということだけでなく「環境的」要素も関係するということになります。つまり、虐待を受けた結果、発達障害の特性を有するようになり、その二次障害として不登校を引き起こすこともあると考えられます。

　そのように発達障害を考えると、第１章の「不登校の要因別タイプ分け」では、本人に起因する脳の機能障害と生まれつきの特性というとらえ方は「心理的要因」、それがもとで学習や対人関係に不適応を起こす「教育的要因」、虐待を含む家庭環境不全からの「福祉的要因」と、不登校の３つの要因すべてが絡み合い、二次障害にかかわってくると言えます。

3　発達障害と二次障害

　二次障害とは、特性に対して適切な支援やサポートが受けられなかったり、自分の特性に合わない環境だったりすることにより精神障害や社会適応を困難にする行動の問題が生じることで、医療的な診断ではなく、心身の症状や不登校、ひきこもりなどの状態像を表したものです。

　二次障害は、内在化障害と外在化障害に大きく分けることができます。内在化障害とは主に自分自身に向けられるもので、抑うつ、不安、対人恐怖、ひきこもり、心身症などです。外在化障害は、他の人に向けられる暴力、非行などが挙げられます。

図10-1　障害の悪循環

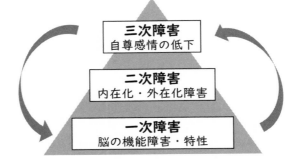

　もちろん、発達障害があっても必ず二次障害を引き起こすわけではありませんが、一次障害に対しての不適切な対応や環境が二次障害を誘発するハイリスク要因になると言えます。

　さらに二次障害が長期化・深刻化すると、三次障害になる可能性もあります。三次障害とは、「自分には価値がない」「何をやっても無駄」と思ってしまうような、自尊感情や自己肯定感の低下です。三次障害と二次障害は明確に分かれているわけではありませんが、互いに影響し、その状態像が悪化して負の悪循環に陥る場合もあります（図10-1）。

　学校や社会の役割は、このような二次障害、三次障害をいかに防止・予防するかにかかっています。以下、不登校になってしまってからの対応について、事例をもとに考えていきます。

4　事例から考える発達障害と不登校

【事例1】

　A君は運動好きで活発な小学校3年生の男の子。未熟児で生まれ、もともと言葉は少し遅かったが、検診等では特に指摘されたことはなかった。学校では、係の仕事などにも一生懸命取り組む

が、授業になると表情は暗くなる。

　特に国語の苦手さが目立つようになってきた。３年生になってもひらがなを読むのがやっとで、書くこともままならない。それが影響し、他の教科のテストでも20～30点程度となっている。算数では、計算問題はある程度解けて九九も言えるが、文章問題となるとお手上げになる。テストが戻されるたびに急いで隠すようになった。音読を周りの子から笑われたのをきっかけに休みがちになり、10月頃からは学校にまったく来なくなってしまった。

【事例２】

　Ｂさんは中学校１年生の女の子。小学生の頃から読み書きには課題はあったが、何とかこなしてきた。小学校５年生のときに保護者が心配して、医療機関で検査を受けたが、ＷＩＳＣ-Ⅳでは全検査ＩＱは109、言語性ＩＱは103、動作性ＩＱは110で、知的レベルは平均レベルだった。

　ところが中学校に入ると、英語の学習につまずきが見られるようになる。例えば、ｂとｄ、ｐとｑ、ｍとｎが混合してしまうようで、単語がうまく読めない。runningのような綴りはミミズが這っているようにしか見えないと言う。書くのも、parkをpank、birdをbard、threeをtreeと書き間違えてしまう。テストは悲惨な結果であった。自信をなくしたＢさんは、次第に勉強する意欲をなくし、部活動でも元気が出ない。定期テストのときには欠席するようになり、それがきっかけで不登校になってしまった。

【事例３】

　Ｃ君は、中学校２年生の１学期に不登校になり、教育支援センターに来るようになった。中学校入学後、Ｃ君は昼休みにスクールカウンセラー（以下、ＳＣ）と話すのを楽しみにしていたのだ

が、いつものように相談室に行くと、たまたまその日はＳＣが女の子と面談中だった。いきなり入ってきたＣ君に驚いた女の子は「出て行って」と言い、それに腹を立てたＣ君はその女の子に暴力をふるってしまった。それ以来、Ｃ君は学校に行けなくなった。

(1) 事例から見えてくる発達障害の特性

　【事例１】【事例２】ともＬＤの特徴が顕著で、数も多い「読み書き障害」（ディスレクシア）の可能性が高い子どもです。【事例１】では、読みが困難で、それを周りから笑われたことがきっかけで不登校になっています。【事例２】では、読み書きの問題が英語において出現し、成績不振に陥っています。

　小学校中学年ともなると、自分の性格や学力も、周りとの比較で客観的に見ることができるようになります。特に読み書きの面では、点数化されることも多いため優劣がつきやすく、ＬＤのある子にとって学校はつらい場所になります。集団でいるからこそ傷つきやすいのです。両事例とも、自分の弱点が、自分自身にも他の子にもさらされることに耐え切れず、学校に行かないことで自分を守る選択をしたとも言えるかもしれません（図10-2）。

　【事例３】では、対人関係のトラブルと衝動性が結びついて事件になったことが、不登校のきっかけとなっています。Ｃ君は、小学校時代にＡＳＤと診断されていました。相手の立場になって考えるこ

図10-2　学習障害と不登校

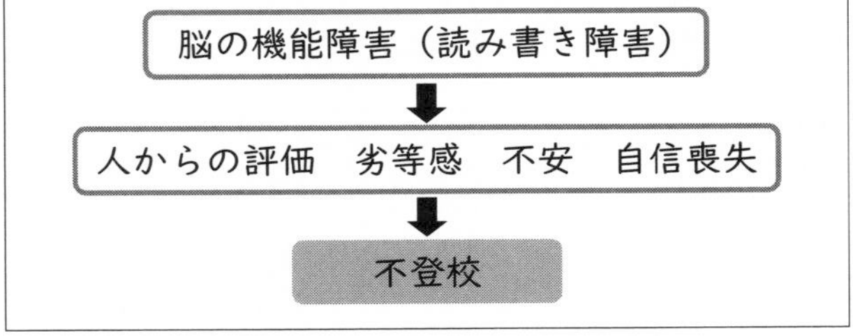

脳の機能障害（読み書き障害）

⬇

人からの評価　劣等感　不安　自信喪失

⬇

不登校

図10-3　自閉症スペクトラム障害と不登校

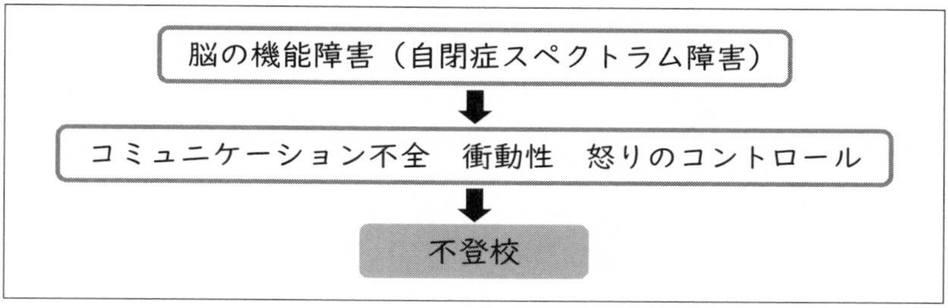

```
┌─────────────────────────────────────────┐
│   ┌─────────────────────────────────┐   │
│   │ 脳の機能障害（自閉症スペクトラム障害） │   │
│   └─────────────────────────────────┘   │
│                  ▼                       │
│   ┌─────────────────────────────────┐   │
│   │ コミュニケーション不全　衝動性　怒りのコントロール │   │
│   └─────────────────────────────────┘   │
│                  ▼                       │
│           ┌─────────────┐               │
│           │   不登校    │               │
│           └─────────────┘               │
└─────────────────────────────────────────┘
```

とが苦手という特性が、昼休みにSCと話すのは自分だけという思い込みにつながったのです。女の子に謝罪はしたのですが、暴力をふるってしまったという事実に対して周りの子からは厳しい目で見られ、教室に彼の居場所はなくなりました（図10-3）。

⑵　発達障害の二次障害としての不登校への支援の実際
①アセスメント（実態把握）

　一口にLD・ASDと言っても、実態はその子によってさまざまです。客観的な情報を集め、集約し、整理し、見立てをするのがアセスメントです。事例のケースでは、個人内の学力的な能力や行動の特性を正確に把握する必要があります。

　ノートやテストなども重要な資料となりますが、できれば専門機関でWISCやK-ABCなどの心理検査を受けることで、学習や行動の背景にある脳の知的な情報処理の特徴や行動のメカニズムを知ることができ、今後の対策にも活かせます。ただ、専門機関は保護者にも本人にも抵抗がある場合も少なくありません。LDなど学習の認知が中心の場合は、教育センターなどで使用されているチェックリストのような簡略なものも使えます。

②アセスメントをもとにした個別の行動計画の作成

　主に担任や特別支援教育コーディネーターが中心となり、今後の計画を立てます。ここでは「個別の行動計画」としますが、従来の

「個別の教育支援計画」でも「個別の指導計画」でもかまいません。目的は、「いつ」「誰が」「どこで」「何を働きかけるか」の見通しを立て、役割と責任を具体化することです。その中で長期目標は「再登校ができる」になりますが、そのための短期目標の積み重ねが重要になります。

③校内委員会で検討

学校には、特別支援教育校内委員会（校内委員会）が設置されています。そこで個別の行動計画を提示し、検討します。その計画の実効性や見通しを検討し、情報を共有し、役割を確認します。スクールカウンセラーや管理職にも同席してもらい意見を聞きます。担任が1人で抱え込まないためにも、校内委員会を活用します。

④行動計画の実施

家庭と連絡をとりながら実現可能なプランを本人に提示し、実行します。この場合は面接が可能な教員（担任以外でも）と子どもが会えることが前提となりますが、もし直接会えない場合はメールでもオンラインでも本人の負担にならないような方法を考えます。

そこで決めた短期目標は、本人が実行可能と思っても、たいてい失敗します。その場合は、責めてはいけません。少しでも前向きの態度が見られたら、その態度を評価します。

計画は、本人自身のもっているリソース（資源）、周りのリソースを最大限活用します。本人自身であれば運動能力や趣味、周りであれば家族、友人、塾のつながりなど、さまざまなものがリソースになり得ます。

⑤教室復帰への試み

学習や対人関係への不安が大きいのであれば、苦手な分野から入ることは、受けた傷を広げてしまう可能性があるので慎重にすべきでしょう。学校という場が安全で安心であることを体感させることを優先します。

図10-4　個別の行動計画による支援のＰＤＣＡサイクル

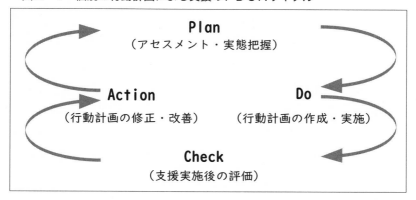

最初の復帰の場は、地域の教育支援センター、通級指導教室での
１対１の指導からなどが考えられます。いきなりたくさんの仲間が
いる場所に復帰するには、自分の弱点を認めたうえでそれを克服す
る自信を取り戻さないと難しいでしょう。ＬＤの特性があれば、学
力を同等にすることではなく、自分なりの学習方法を身につけて友
人関係を築き、自信を取り戻すことです。最初の復帰の場には、そ
のスモールステップの一歩としての意味があります。

⑥支援実施後の評価

支援を実施したとして、それがうまくいくとは限りません。関係
者が集まって現状の報告を行い、行き詰まっていたら、今の方法が
合っているのか、他の方法は、という評価をする場が必要です。校
内委員会がその場となります。

⑦支援実施後の行動計画の修正・改善

運よく通級指導教室や教育支援センターから教室復帰が果たされ
ても、また繰り返さないように、校内委員会や学年会で計画の見直
しを行い、修正、補完をします。図10-4は、この流れをＰＤＣＡ
サイクルに当てはめたものです。これは、発達障害の有無にかかわ
らず、不登校への支援における基本的な考え方となります。

⑶　事例の結果

　【事例1】のA君は半年間不登校でしたが、通級指導教室と家庭でパソコンの読み上げソフトを使うことにより音読に改善が見られ、部分登校を経て4年生から通常学級に復帰しました。まだ言語全般に遅れは見られますが、周りの理解もあり通級と併用しながら学校生活を送っています。

　【事例2】のBさんの再登校はかないませんでしたが、市の教育支援センターで1対1の指導を受けながら他の仲間とともに勉強するようになり、言語聴覚士の助言も受けながら高校進学を果たしました。相変わらず英語は苦手ですが、自分なりの学習の仕方を見つけられたようです。

　【事例3】のC君はその後、教室に行くことはありませんでしたが、定期テストは学校の別室で受けることができました。彼にとっては、仲間と顔を合わすことは事件を思い出し、フラッシュバックの要因にもなったのでしょう。教育支援センターでは、主に対人関係のロールプレイを含めたソーシャルスキルトレーニングを学び、地域から離れた私立の高校に進学して、3年間1日も休まず登校し、大学進学を果たしました。

5　まとめとして

　発達障害の二次障害としての不登校について述べてきましたが、発達障害があるから不登校になるのではなく、発達障害という特性が適切な支援を受けられなかったり、合わない環境だったりすることにより、ふとしたきっかけで不登校に結びついてしまうことがあると言えます。

　発達障害のある子のための特別な復帰マニュアルがあるわけではありませんが、以下に配慮すべき事項を6点挙げます。

①アセスメントの重視（実態と特性の把握）

②特性に応じた支援

③特性を本人と周りが理解

④ソーシャルスキルトレーニングの実施（特にＡＤＨＤとＡＳＤ）

⑤医療や専門機関との連携

⑥将来の進路、就労を見据えた支援

　発達障害のある子の世界は独特で個性的です。社会のシステムに合わせることは困難を伴い、いくら努力してもできないことがあるのです。幸いにも特性を理解し、それを活かす形で就労の仕組みを考えている会社も増えてきました。

　私たちは発達障害のある子どもたちを、何とか「こちらの世界」に引き込もうとしてきたような気がします。しかし、それに適応し切れずにパンクしてしまったのが不登校という形で表れてきているのです。これからは、適切な支援に加え、学校や学級でユニバーサルデザインによる教育やダイバーシティ（多様性）を推進し、発達障害の二次障害で不登校になることのないような集団の成長、不登校から復帰する際に多様性を受け入れられるような集団の成長が望まれるのではないでしょうか。

＊取り上げた事例は、プライバシーに配慮し、本質の部分を抽出する形でいくつかの事例を組み合わせたものです。

〈引用・参考文献〉

不登校問題に関する調査研究協力者会議（2003）「今後の不登校の対応の在り方について（報告）」文部科学省

加藤醇子編著（2016）『ディスレクシア入門』日本評論社

齊藤万比古編著（2009）『発達障害が引き起こす二次障害へのケアとサポート』学研プラス

友田明美（2017）『子どもの脳を傷つける親たち』（NHK出版新書）

第11章

いじめによる不登校を防ぐ

【第11章　ナビゲート】

　いじめによる不登校への対応では、特に初期対応が重要です。本章では、不登校になりそうな状況を抱えた子どもに対して、不登校にならないように行うべき初期対応を中心にまとめてあります。

　子どもが学校を休んだ際、「いじめによる不登校かも」と意識できるかどうかで、結果が大きく変わってきます。いじめの被害者がいったん不登校に至ることは想定しつつ、当たり前の対応を早急、丁寧、誠実、確実に行うことで、いじめによる不登校を回避したいものです。

1　いじめ防止対策推進法

　いじめ防止対策推進法が2013年９月に施行され、学校現場での「いじめ」に対する認知も大きく変わってきました。しかしながら、いじめ件数が減少したりその実態がなくなったわけではありません。

　同法では、第28条第１項で、いじめによる「重大事態」として、①生命・心身・財産に関する重大事態、②不登校に関する重大事態の２つが示されています（資料11－１）。①は、自殺念慮、自殺企図、自殺既遂に至る事案、おおむね30日以上の加療を要する傷害事案、金品を要求される等の恐喝事案、精神的な疾患を患うに至った事案などを想定しています。②については、年間30日の欠席を目安としています。そして、①および②の重大事態に至った場合には、学校の

設置者および学校が、組織を設け、いじめ事案に対して適切な対処（調査・報告等）を行うことが定められました（同法、第28条）。

本章では２つの「重大事態」のうちの②、

資料11-1　いじめによる「重大事態」

いじめ防止対策推進法第28条第１項
1　いじめにより当該学校に在籍する児童等の生命、心身又は財産に重大な被害が生じた疑いがあると認めるとき。
2　いじめにより当該学校に在籍する児童等が相当の期間学校を欠席することを余儀なくされている疑いがあると認めるとき。

いじめの被害が不登校につながるのを防ぐ対応を考えていきます。

学校現場では、この法律の施行によって、「遊んでいただけ」「ふざけていただけ」や「冷やかし」「からかい」といった言動への注視、「いじめられる側にも原因がある」といったとらえ方の見直しが行われました。さらに、いじめによる「欠席」に対して、誰がどのように対応をすることで、問題の解決、学校への登校につながるか、真摯に考えるようになってきています。

2　いじめによる不登校への対応

(1)　当たり前の対応を早急、丁寧、誠実、確実に行う

子どもが学校を休んだときの対応は、いじめがあるなしにかかわ

表11-1　欠席した場合の担任の対応の基本

休み	担任の対応	確認すること
１日目	放課後に電話で確認	病気、体調不良の確認
３日目	家庭訪問による確認 本人との会話	病気、体調不良、心理的な要因はあるかの確認
５日目 および断続的な欠席	保護者との相談 情報の収集 学年、学校内で情報の共有 作戦会議を招集	病気以外も想定（いじめ、学習不振） 保護者の休みに対するとらえ方、認識の把握 今後の方針を見極める

らず、表11−1の対応が基本と考えられます。この対応は、当たり前の対応ですが、この当たり前をスピーディーかつ丁寧に誠意をもって確実に行うことが不登校にさせない対応でもあります。

⑵　1日休んだら電話、3日休んだら家庭訪問、5日休んだら作戦会議

　学級の子どもが欠席をしたら、まず1日目には、放課後、自宅に電話をして「病状の確認、明日の授業連絡等」をします。この当たり前の対応が、不登校を生まない第一歩です。この当たり前を行わない、忘れたといった意識や感覚が不登校につながり、重大事態を引き寄せることになります。

　休みが3日になったら、「プリントや授業ノートをお持ちします」といった言葉をかけ、家庭訪問をして子どもと保護者に対面し、「体調はどうかな？」などと問いかけ、心身の状態の確認をします。

　1週間に3日、あるいは断続的な休みが続く場合は、病気以外の要因もあると疑い、子どもの状況についてあらゆる情報を収集する必要があります。もちろん病気であれば、病気が完治すれば登校できるはずです。

⑶　対応の違いは、その後の関係性、結果に影響する

　いじめが背景にある不登校では、休み始めの5日間が重要です。休みだした子どもは、「気づいてほしい」「助けてほしい」と願っています。しかし、時間が経過すれば次第にあきらめの感情が芽生え、誰も信用せず、受け入れなくなってしまいます。

　表11−2は、担任がいじめによる不登校を意識した対応（先手の対応）と意識できない対応（後手の対応）の違いです。この対応の違いは、その後の子ども・保護者との関係性や結果としての不登校、そして重大事態につながっていくことにもなります。

　不登校を意識した対応では、結果として学校復帰ができない状況

表11-2　休み始め5日間の対応の違い

欠席	いじめによる不登校を意識した〈先手の対応〉	いじめによる不登校を意識できない〈後手の対応〉
1日目	担任から家庭に電話連絡、話せれば子どもとも話す。	保護者からの欠席連絡のみ、担任は連絡を入れない。
3日目	担任が家庭訪問して、子どもと対面し、体調面なのか、精神面（いじめ）なのか確認する。いじめが想定される場合は、保護者の了解のもと、子どもの話を丁寧に聞く（後日でも可）。大切なのは「話を聞くよ」の確認。保護者とも素早く連携する。	保護者からの欠席連絡のみ。（保護者は、身体面ではなく精神面だと気づき、子どもに確認をする。いじめが想定される場合は、「担任、学校は気づいているのか？」と思っている。また、保護者は「困った」「どうしよう」と感じている。）
5日目	作戦会議を検討、招集。子ども・保護者の状況をアセスメントする。	担任から初めて家庭に電話連絡し、保護者からいきなりいじめについて問われる。
ここまでの経過	担任、学校はいじめを想定し、子どもの状況を確認し、保護者とも連携して動き出している。	担任、学校はいじめに気づいていない。保護者の対応が先行しているので、この段階では「問われたことの」の後追いになる。
5日間休んだ段階での対応	いじめ調査の確認、子ども等からの情報を集約し、休みの要因を検討、今後の作戦を検討する。①校内での作戦会議②保護者との作戦会議③外部機関との作戦会議＊子ども・保護者に寄り添う形で対応	担任の判断で情報がとどまり、状況の解決はさらに遅れる。①報告・連絡・相談（ホウレンソウ）がない②子どもの状況がわからない③保護者との関係が希薄＊子ども・保護者の気持ちが離れていく
さらにその後の対応	①一時的な不登校から、登校へ②子ども・保護者と定期的な相談や面接を実施する③外部機関とつながり、連携する	①完全な不登校状態になっていく②保護者は学校に不信感をもち始める③外部機関にもつなげられない状況
経過結果	いじめによる不登校を意識した〈先手の対応〉は、子ども・保護者の気持ちを受け止めながら、学校・保護者・外部機関等が連携する形で進展する。たとえ長欠の状況に陥ってしまっても、未来志向の相談を継続でき、子どもの居場所を確保しながら保護者との関係も保っている。	いじめによる不登校を意識できない後手の対応は、担任段階で情報がとどまり、子ども・保護者の気持ちを受け止められないまま、時間のみが経過。結果的に学校復帰や外部機関等との連携の時期を失い、保護者は学校・担任不信になり、子どもの居場所は完全になくなる。＊重大事態へ発展の可能性大

表11-3　長欠にさせない働きかけ：休み始めからの29日間でできること
　　　　　〈いじめが理由で休み始めた際の対応〉

	不登校を意識した対応	具体的な働きかけの内容
5日目まで	①情報の収集・集約	①担任が情報を集約し、いじめの状況を正しく把握。過去のいじめ調査の確認。
	②被害者、加害者、保護者等、関係者との面接、聞き取り	②被害・加害子どもとの面接、関係する保護者との面接。
	③今後の方向性を検討	③いじめの全体像を把握。被害子どもの希望を優先し、今後の方向性を検討。スクールカウンセラー等を交えた校内会議。外部機関も視野に入れる。
10日目まで	①教室に戻りたいとき	①被害・加害子ども同士の話し合い、謝罪。保護者同士の話し合い。仲直りをしてから教室へ、あるいは別室登校から教室へ。
	②教室に戻りたくないとき	②外部機関でのカウンセリング。一時的に適応指導教室への通級も検討。内容によっては警察に相談。
	③授業等のケア	③担任等が定期的に家庭訪問し、学校の情報を連絡するとともに、授業内容のノートやプリント等は確実に本人および保護者に手渡す。仲間からのメッセージを添える（状態に応じて）。
	④外部機関との連携会議	④学校に戻りたくないとの訴えが強い場合は、外部機関と学校が話し合い、学校以外の場所も検討。
	⑤管理職等との面接	⑤学校の姿勢や対応を管理職から保護者に伝える。 ＊子どもの状態を確認しながら具体的な作戦を示す。
20日目〜29日目まで	①教室に戻りたいとき	①別室等を用意し、いつでも登校できるように準備する。加害子どもとの関係を見守る。受けられる授業から、少しずつ参加する。休み時間、給食、掃除時の配慮。無理はさせない。
	②教室に戻りたくないとき	②外部機関でのカウンセリング、家庭訪問相談員の派遣、一時的な避難場所として、適応指導教室へ通級などを実施。状況によっては、医療相談もすすめる。警察への相談もあり。担任は定期的に会いに行き、状況を確認する。
	③授業等のケア	③授業の遅れが心配されるので、授業内容等は確実に伝わるよう配慮。休んでいる間の行事等に対する配慮も忘れない。
	④外部機関との連携会議	④外部機関と学校復帰に向けた話し合いを実施。 ＊長期欠席を視野に入れながら、今後の作戦を検討する。

でも、子どもの心理的ケアは継続しています。

(4) 長欠にさせない働きかけ、29日間のかかわり

　年間欠席30日以上は長欠と呼ばれ、いじめによる欠席が30日を超えると重大事態とみなされます。長欠と定義されるまで、実際には29日の期間が存在しています。この期間に「様子を見守る」という名目で何もしない結果、子どもの気持ちがますます学校から遠のくことはよくあります。

　もちろん、心理的に見守りが必要な子どもがいることも確かです。しかし、その場合も、スクールカウンセラーや保護者、外部機関等と連携、相談をしながら、作戦として行うことが必要です。

　長欠に至る29日間で学校、担任にできる対応はいくつもあります（表11‐3）。

3　事例から読み取る、長欠にさせない働きかけ

(1)　いじめでの欠席を疑った担任の対応

　【事例Ⅰ】　Ａ男（小学校４年生男子）は、Ｂ男から物を取られたり、時には身体にパンチを加えられたり、さらに、「バカ」「チビ」等の言葉を言われていた。担任のＣ先生は、Ａ男から訴えがあれば、そのつどＢ男に対して指導を行っていたが、発達障害をもつＢ男にとっては、遊びの延長でＡ男を仲のよい友達という認識でいたようであった。そんな中、今まで欠席がなかったＡ男が突然学校を休んだ。

❶担任のＣ先生は放課後に、Ａ男の保護者に電話を入れ、「Ａ男は電話に出られますか？」と保護者に尋ねてから、Ａ男に代わってもらい、「体調は大丈夫？」と聞いた。Ａ男は、「今日は頭が痛かった」と訴え、「それはつらかったね」と伝えた。

２日目もＡ男は休む。Ｃ先生は電話でＡ男と話をし、「何か心配なことがあるの？」と尋ねたが、「大丈夫」との返答。３日目、Ｃ先生は家庭訪問を行った。Ａ男が出てきたので、「明日は学校で話がしたいから待っているよ」と伝える。実は事前に保護者と電話で話し、Ｂ男との関係について伝えていた。そして、保護者から、Ｂ男との関係について、Ａ男に聞いてもらっていた。

❷４日目、登校したＡ男からすぐに話を聞く。Ｂ男に嫌な言葉を言われ、無視をすると殴る真似をしてくるとのこと。

　担任のＣ先生は、Ａ男の気持ちを受け止めながら話を聞いた。また、Ｃ先生はＢ男からも話を聞いた。Ｂ男はＡＤＨＤの診断があり、衝動的に手が出たり、不適切な言葉が出たりする。何度指導しても同じことを繰り返してしまう特性がある。Ｂ男には、Ａ男がとても嫌がっていたことを、理解させた。今回は、Ｂ男の保護者にも連絡を入れ、状況について丁寧に伝えたところ、Ａ男の保護者に謝罪をすると言ってくれた。

❸翌日、Ａ男にＢ男が謝る場を設定した。Ｂ男は、「ごめんね」と謝罪。その後、両方の保護者に謝罪の様子について連絡を入れた。

〈事例のポイント〉

❶では、早い対応で、Ａ男が自分の気持ちをベストタイミングで話せる状況をつくることができています。

❷では、担任が支えてくれそうなので、Ａ男は勇気をもって学校に行こうという気持ちになっています。被害者、加害者の保護者と連携できたということです。

❸では、子ども同士での謝罪の場を早めに設定できています。このように、被害者、加害者の保護者とも、学校、担任が真剣に対応してくれていると、任せてみようと思うようになります。

(2) 状況の把握が遅れた担任の対応

【事例２】 D子（中学校２年生女子）は、３泊４日の自然教室が終わった頃から、断続的に学校を欠席するようになった。この２週間での欠席は４日である。欠席の理由については、保護者から毎回「体調不良」との連絡があったので、担任のE先生はあまり気に留めていなかった。ところが、断続的な欠席が６日目になった頃、E先生は、D子がいつも一緒にいる他のグループの生徒から、「D子が外されている」との話を聞かされた。

❶D子の欠席は断続的なものから継続的な欠席に変わり、担任のE先生は保護者に「体調不良」以外の理由について電話で尋ねた。保護者からは、「学校には行きたくないと言っている」とだけ伝えられた。

❷D子は継続的に学校を休むようになったので、欠席して７日目、E先生は家庭訪問をした。しかし、D子には会えず、保護者からは、「自然教室明けから、仲の良かったグループ内で外され、SNSでも何かを書かれている。先生は知っていましたか？」問われた。また、「自然教室で何があったか、教えてほしい」とも言われた。E先生は保護者の話を聞き、今後どうするか困ってしまった。

❸E先生は、これまでの詳しい状況を初めて学年主任に伝えた。すでに、自然教室明けから、２週間以上が経過していた。D子の欠席は、継続的となり８日になろうとしていた。

〈事例のポイント〉

❶では、遅い対応で、子どもが自分の気持ちをベストタイミングで話す機会を逸してしまっています。

❷では、子どもは誰からの後押しもなかったので、学校に行く気持ちがなくなり、誰にも会いたくなくなっています。保護者は、子どもから話を聞き、とても不安になり、苛立ちの気持ちも出てきています。次第に学校や担任に対する不信につながる可能性が出てい

ます。

　❸では、報告・連絡・相談のタイミングが遅いので、学年、学校ともに後手のスタートになってしまいました。

4　いじめの被害者が勇気をもてる状況をつくる

　いじめの被害者がいったん不登校に至ることは、想定しておかなければいけないと思います。しかし、学校、担任、そして仲間の対応次第で、「もう一度、学校で頑張ってみよう」という気持ちになるのもよくあることです。つまり勇気がもてる状況をつくることが必要なのです。

　そのためには、ベストなタイミングで、話を聞くことや登校への働きかけを適切に行うことがとても重要になります。そして、それが、「復帰促進」でもあるわけです。

　しかし、タイミングを逃せば、登校はおろか、重大事態につながることになりかねません。大切なことは、子どもの状況を見極めながら、当たり前の対応を確実に行うということなのです。

　ところで、ここでは触れられませんでしたが、いじめには被害者もいれば加害者もいるわけで、実は加害者も相当な危機状態にあるという場合があります。「非は非」としたうえで、加害者に対する緻密な支援も必要となってきます。

〈引用・参考資料〉
植草伸之（2014）「いじめの予防と対応」『指導と評価』Vol.60-11、No.719

第12章
ネット依存・ゲーム依存への対応
「親子のための契約書」づくりを通して

【第12章　ナビゲート】

　ネット依存やゲーム依存への対応としては、特に医療分野から、スマートフォン（以下、スマホ）などのデバイスを子どもに与える最初の段階でのルールづくりが推奨されてきました。その取り組みを家庭教育に任せるのではなく、学校からも推進することで、より効果的なものにすることができます。

　その際に、法務省が学校教育の中で推進してきた「法教育」を活用することができます。本章で紹介する「親子のための契約書」づくりは、「契約は行動を規制するものではなく、自分たちを守るためにある」という感覚を、子どもたちが身につけていく取り組みでもあります。それは子どもたちの社会的自立を促す側面もあわせもっています。また、契約書を更新していくことで、不登校の子どもを小・中・高校と長期間にわたって俯瞰する取り組みともなり、「縦断的連携」を進めるためのツールとしての可能性も秘めています。

　本章は、街の身近な法律家としての行政書士の実践報告となっています。学校の連携先は思っている以上に広いのです。

1　ネット依存・ゲーム依存予防のためのルールと契約書づくり

　昨今の社会問題として、子どもたちのスマホやゲーム、インターネット（以下、ネット）にかかわるトラブルが多くなっています。

不登校の子どもがネット依存・ゲーム依存状態になって生活時間が大きく乱れたり、ネット依存・ゲーム依存が不登校の原因やきっかけになってしまっていることもあり、不登校への対応を考えるうえで、この問題は無視できないものです。

　ネット依存・ゲーム依存は、未然に防ぐことが何より重要です。本章では、前半で、予防の観点から以下の2点について紹介します。

①法律を踏まえた、予防効果を高めるルール設定のポイント
②実際に作成している契約書を用いて、家庭でも実践できる契約書作成手順とポイント

　そして後半で、その契約書を不登校への対応にどう活かしていくかを紹介していきます。

　筆者は行政書士として、「親子のための保健室」という子育て中の保護者を対象としたネットトラブルについての悩み相談窓口を開設し、メールやオンラインでカウンセリングを行ったり、小学校と連携して実践を進めています。そこではスマホやゲーム利用に関するルールが適切かをアドバイスし、子どもたちがネット社会に出る前に知っておきたい社会のルールを紹介しています。その際、「親子のための契約書」を作成します。親子で"契約する"という体験を通して、子どもの社会性を育むためです。社会に出てからの未来を見据え、子どもたちが「自分で自分を守れる強さ」、つまり社会的自立の力を身につけることを目指しています。

2　スマホやゲームを利用する際の家庭のルールについて

(1)　まずは親子の対話から

　保護者が一方的に決めたルールでは、子ども自身がルールの必要

性を感じることができません。結果的にルールを守ることができなくなるというケースが多く見受けられます。逆に子どもに自分でルールを決めさせて「あなたが決めたルールだから責任もって守りなさい」というのも、子どもが自主的に考える点ではいいのですが、やはり一方が決めているという点で同様です。親子で一緒に考え、話し合うという過程が重要です。

　ルール設定の際は、以下のポイントを押さえていただけるといいと思います。

【ルール設定のポイント】
①具体的に依存やオンラインゲームのトラブルを話すなど、ルールの必要性を子ども自身が理解すること。
②親子で話し合って決めること。その際も子どもの意見も尊重する姿勢で。無理な内容だったとしても頭ごなしの否定はしない。
③守れる範囲のルール設定をすること。ルールの範囲内なら楽しく遊べるという気持ちを育む。そうでないと子どもはルールに対して嫌悪感を抱いてしまう。

(2)　問題となる前に決めておくということ

　ネットトラブルの多くは、問題となってからの対処は非常に困難です。未然に防ぐことが大切です。今は問題がないという項目についてもあらかじめ話し合い、取り決めておくことが、いざというときに効果を発揮します。

　どの項目について話し合えばいいのか迷われる方もいると思いますので、この後で紹介する「親子のための契約書」の各項目を参考にしてください。

3 「親子のための契約書」の作成

　ここからは、親子で決めたルールを書面に記載する際のポイントを、実際に筆者が使用している「親子のための契約書」（162〜165ページ）を例に解説します。

(1) 契約書作成の効果

　まず、「親子のための契約書」は"契約書"ですが、親子間の契約には法的拘束力がありません。それでも"契約書"としていることには、以下のような理由があります。

> ①取り決めを可視化することで、親子の話し合いをただの口約束で終わらせない。
> ②お互いが約束したことに責任をもつことができる。
> ③法律に沿った契約を体験することは、子どもたちの自覚や自立につながる。

(2) 契約書でなぜ依存症が防げるのか

　ネット社会に出る子どもたちを、筆者は「ネット社会人」と呼んでいます。ネット社会も１つの"社会"であり、現実社会同様に社会のルールが適用されています。子どもたちをネット社会人として育成することで、ネットトラブルをはじめ、依存の予防にも効果があるのです。

　子どもに社会のルールを教え、社会性を養うことは、一見、依存の問題と直結しにくいように思われるかもしれません。しかし、社会のルールを知ることで正誤判断を自ら行えるようになり、社会性

を養うことはすなわち冷静かつ客観的な判断力を養うことにつながり、自身の状況を把握できるようになります。

「ゲームのことばかり考えてしまう。このままだとまずいのではないだろうか」

「テスト前にこんなにスマホをいじっていて、成績が下がるのはもったいない」

子どもが自分自身の状況を把握できるようになると、このような言葉が出てくるようになります。ゲームやスマホとの正しい距離感を保てれば、依存とは無縁であり、自分の欲求をコントロールできるようになるのです。

早い段階で子どもたちにこうした社会性を身につけさせることは依存やネットトラブルの予防につながり、ひいては大人になり社会に出たときにも役立つ知識、スキルとなります。

(3) 契約書の形式

以上の理由から「親子のための契約書」では、実際の契約書としてのポイントを押さえつつ、内容はその年代の子どもでもわかるように記載することで親しみやすく取り入れてもらえるよう工夫しています。

162〜165ページで紹介した契約書は、小学校5年生の男の子にゲーム機を"貸与"する際の契約書です。これが小学校1年生だと、もっと字も大きくなりひらがなも増え、言い回しも簡易なものにしています。その学年ごとの国語の教科書を参考にするといいと思います。

それぞれのページの契約書作成時のポイントを、以下に挙げていきます。

【1ページ目】

①贈与ではなく貸与（貸す）

　デバイスは渡して終わりではなく、毎月、ネットの通信料や利用料などが発生します。それらを保護者が支払う場合、「保護者の所有物を子どもに貸す」という形をとるほうが法的には自然です。

　また貸与とすることで、「子どものものではないから、好き勝手に使えるわけではないよ」と言うことができます。

②毎月かかる費用について記載する

　例えば、ネット上の課金は、お金を使っている感覚が希薄になりがちです。金銭感覚を養うためにも、毎月どのくらいの料金がかかっているのか、スマホであれば月額いくら以内に抑えなければならないか等、具体的に記載しましょう。

③「使用条件」の各項目について話し合う

　「使用条件」のそれぞれの項目について、親子で意見を交わします。当然、親子で意見が分かれることもあると思います。その場合には親の意見を押し通すのではなく、それぞれが「なぜ、そう主張するのか」話し合うことが大切です。

　少し大げさかもしれませんが、子どもが「自分の意見を正しく主張できれば権利を勝ち取ることができる」という体験は、自分の気持ちを言葉にすることや、自分の意見に根拠をもたせることなどが必要となり、論理的思考のきっかけとなります。

　結果的に子どもが納得すれば保護者の意見を採用してもいいのですが、妥協案を提示したり、ひとまず子どもの意見を尊重して「うまくいかないときにはまた相談しよう」などと、１人の人間として対等に扱う姿勢は、子どもたちにも変化をもたらすことでしょう。

④「その他特約」は、家庭ごとの独自ルール

　見本にもあるように、「その他特約」では、家庭環境や保護者の考え方で、独自ルールがあってもいいと思います。

契約書という形態をとっているので基本的に契約違反があれば、保護者の好きに取り上げるなり解約するなり、できることとなります。それを「その他特約」の部分で、例えば「スマホの月額料金いくらを超えたら玄関掃除のお手伝いをすること」等のように、いきなり取り上げるのではなく、負担を与えるというパターンもあります。

⑤更新について定めること

子どもが大きくなるにつれ、環境も変わります。学年が上がり、交友関係の変化も生じるでしょう。そこで、契約には更新（ルールの改定）があるということも、あらかじめ定めておきましょう。そうしておくことで、上記で決めた使用条件について（例えば使用時間や使用場所など）、一度決めておいたものを今の生活に合わせて見直せばいいので、スムーズに決められます。

その際も、子どもの意見や主張に耳を傾けたうえで、一緒に考えていきます。

【2ページ目】

「今は法律には触れないけれど、現在の使用状況ではこのようなトラブルが想定されるので、気をつけてくださいね」といった注意喚起をしています。

また、保護者がどんな状況を危惧しているのかを具体的な文章にして伝えています。このような内容について、保護者自身が子どもに対し具体的に示していない場合もありますし、子どもには「ゲームをやめろと親が怒っている」ということだけ伝わっていて、保護者の真意が伝わっていないことがほとんどです。

ここの例では筆者が法律家として記入していますが、教師などの第三者が記入したりするのもいいと思います。

【3ページ目】

　3ページ目には、親子で署名・捺印する欄を設けています。

　筆者がかかわる場合は、カウンセリングを通じて筆者が感じたことを、子どもに向けて、保護者に向けてのメッセージとして添えています。

　親子それぞれがメッセージを書き込むのもいいでしょう。メッセージのポイントは、この契約書は子どもを"縛るため"ではなく"守るため"にあるということです。保護者の思いや愛情を、きちんと伝えていくページです。

【4〜6ページ目】

　本書では、その一部をダイジェストして1ページにまとめ、紹介します。ここでは、社会のルールとして、子どもたちがネット社会に出る前に最低限知っておいてほしい内容を記載しています。

　契約書は、以上のような構成となっています。

4　スマホやゲームが手放せなくなってからの対応

　ここまでは、スマホやゲームをもたせる前、またはごく初期の問題となる前に、子ども自身がルール設定に納得する前提でお話ししてきました。とはいっても、現実的にはすでにブレーキの効かない状態にいる子どもも多いことでしょう。

　そうした場合に対する決定打はないのですが、有効となり得るヒントを2つ提案します。また、依存進行度によっては医療機関の受診が必要なケースもあることを知っておきたいものです。

⑴　ルールの決め方を変える

　ルール設定をしようとしても、デバイス利用の自由を制限される
ルール設定に、子どもが強く抵抗することがあります。そんなとき
は、「デバイス利用を制限するためのルール」という考え方を捨てて
みましょう。

　勉強やスポーツなど何でもよいのですが、何か1つ目標を立てま
す。そして、その目標を達成するために何をすべきかを一緒に考え
ます。その中で「次の大会で優勝するために、家で1時間の自主練
の時間を設ける。そのために、ゲームは1日1時間までにする」「今
度のテストで何点以上をとるために、テスト期間1週間前から自室
にスマホを持ち込まない」といったように、デバイスの利用時間や
デバイスとの付き合い方も一緒に組み込むのです。

　このようにして設定した〝目標達成のためのルール〟は、子ども
の抵抗をやわらげます。

⑵　子どもと向き合う

　「子どもがスマホやゲームばかりで、コミュニケーションがとれ
なくなった」「子どもが何を考えているのかわからない」と依存状態
が進んでくると、保護者は対応に困ります。そこでついつい専門家
の話を聞きに行ったり、専門の書籍を読んだりして、どうしたらい
いのかの答えを探したくなります。

　でも、依存の一般論についての知識は身についても、「今、目の前
にいる自分の子どもを依存から救う方法」は、誰も教えてくれませ
ん。依存の問題は、内的要因（子どもの心情）と外的要因（環境等）
が複雑に絡み合っているからです。

　子ども自身と向き合わない限り、答えは見えてこないのだと思い
ます。

5 法教育の観点から見て

「子どもの権利条約（児童の権利に関する条約）」というものがあります。日本の子どもに関する法律（児童福祉法など）も、この条約の影響を受けて改訂されてきました。筆者にとっても、子どもたちに対する法教育の基本となるものです。

「子どもの権利条約」の内容として一部を紹介すると、前文で「家庭環境の下で幸福、愛情及び理解のある雰囲気の中で成長すべき」と述べられており、また第12条では子どもが自分の意見を表明する権利と、「児童の意見は、その児童の年齢及び成熟度に従って相応に考慮されるもの」とされています（外務省訳文）。

ネット依存・ゲーム依存の状態に関係なく、保護者は常に子どもの話に耳を傾け、子どもが何を思っているのか、何がしたくて、何をしたくないのか、向き合うことが求められています。その基本に立ち返り、子どもがどう苦しんでいるのか（極端な依存は、本人にとっても、自分のコントロールができなくなる苦しい状態です）、親にどうしてほしいのか、何をされたくないのか、対話を試みていくことが大切です。

そしてその際には、常識の枠や世間の目にとらわれることなく、「子どもにとって最善と思える選択を」と心がけたいものです。ルールを決める際も対話の重要性を述べましたが、この基本はどの状況においても変わりません。

6 「親子のための契約書」を不登校への対応に活かす

(1) 「親子のための契約書」に期待されるもの

「親子のための契約書」は、スマホなどのデバイスを保護者が子ど

もたちに与える最初のときに、その利用に関して契約書という形で
ルールづくりをする取り組みです。最初の段階から、というのが肝
心です。使い始めてしまってからでは、ルールづくりをすること自
体が難しくなり効果も限られてきます。

　このルールづくりは、ネット依存・ゲーム依存にかかわる不登校
については、以下のような2つの予防効果が期待できます。

①ネット依存・ゲーム依存状態が原因やきっかけとなって、不登校状
　態が生じることへの予防効果。
②何かの原因で不登校状態になっている間に、ネット依存・ゲーム依
　存が生じることへの予防効果。

⑵　ネット依存・ゲーム依存による不登校を防ぐ

　まずは、①のように、ネットやゲームに熱中して日常生活に支障
が出るような状況を生じさせないために、ルールづくりがありま
す。子どもが自分で利用をコントロールできるようになることが目
的です。それを支援するために契約書を作成します。

①法律家の介在と学校の介在

　今回掲載した契約書作成例では、第三者として行政書士が介在す
ることで、契約書の効果を高めようとしています。ここに学校も積
極的に介在することで、学校生活の中でも認知されている社会性の
あるものとして、さらに有効性を高めることが可能になります。

　家庭では契約書の作成を行いながら、子どもと保護者との話し合
いの時間が確保されることになります。それと連動して、学校にお
いて、ネット依存・ゲーム依存の問題に限らずさまざまなネットト
ラブルへの対応についての教育を進めていくこともできます。この
ような2方向性の対応を連動して行うことが期待されます。

②更新ルールの重要性

　さらに契約更新のルールを入れておくことで、この契約書自体が常に話し合いの俎上にあるものだということが明示されます。

　更新があることで、学校や学年全体に対するデバイスの利用等に関する教育は、子どもたちが個別にデバイスを手に入れる時期が違ったとしても、新規の話し合いをしている家庭と更新の話し合いをしている家庭が混在する中で、どちらに対しても意味あるものとなります。

　また、家庭と学校、そして第三者としての法律家等との連携は、この契約書を通して縦断的に続いていくことが可能になります。例えば、小学校から中学校、そして高校と学校は変わっても、この契約書とその内容、そして更新のルールを引き継ぎ、その年代に応じて更新の話し合いを行っていくのです。この「縦断的連携」を通して、ネット依存・ゲーム依存から派生する不登校に対して予防効果を上げることができます。

　さらに付け加えるなら、この契約更新というルールの存在は、状況が変化したら話し合うことで「ルールは変更できる」という感覚を身につけさせることができます。それは社会的自立を促すことにもつながります。

⑶　不登校中にネット依存・ゲーム依存に陥ることを防ぐ

　次に②については、不登校になったとしても契約書は有効ですし、話し合いによる更新のルールも健在です。しかもこの契約書やルールには第三者が介在しているので、軽々に扱うことはできません。不登校になったとしても、ネット依存・ゲーム依存の問題について、子どもとのコンタクトのチャンネルは残されていることになるのです。

　【不登校への基本対応】において、回復過程の中期（膠着期）には

エネルギーを貯めるために好きなことをさせる時期があります。ここで対応を誤るとネット依存・ゲーム依存になってしまう場合も見られます。契約書の作成と更新ルールの適用には、これを予防する意味合いがあります。不登校状態が長引くことによってネット依存・ゲーム依存に陥るという可能性を、最小限に止めるために契約書を活用していくのです。

*

学校における法教育推進の中で、行政書士などの身近な法律家等と連携したこうした取り組みを進めることが、小・中・高校と長期間にわたるネット依存・ゲーム依存への対応、ひいては不登校対応として効果的な連携となります。特にスクールロイヤーなどの学校参入が想定されるようになると、この取り組みはさらに広がりを見せることとなるでしょう。

今までも、小学校、中学校、高校への移行期にあって、情報の共有（引き継ぎ）が行われることで、縦断的な情報連携が行われることはありました。しかし、この「親子のための契約書」づくりのように移行期だけに限らず、行動連携の面までもが視野に入っている例はそれほどありません。

今後は、ネット依存・ゲーム依存の問題だけに限らず、学校と家庭が横断的連携を図りながら、かつ学校間での縦断的連携も行われることで、不登校の子どもたちを多角的に見ていける体制が構築されることが望まれます。

＿＿＿＿＿＿＿＿＿貸与契約書

親＿＿＿＿＿＿（以下「親」という。）と子＿＿＿＿＿＿（以下「子」という。）は、この契約書によりルールを決めて、それを守ることを条件として親から子へ＿＿＿＿＿＿（以下対象物）を貸与（たいよ・かすことです）することとします。ルールが守れなかったときは、対象物をどうするか親が自由に決めたり（対象物を使えない日数等を親が決められます）、この契約の解除（この契約はなかったことにするので、対象物を親に返す）をできることとします。

（1）対象物について

対象物	持　ち　主	お父さん		
	お　金　を　払　う　人	お父さん		
		注意：お金はお父さんのお給料から支払いますが、そのやりくりをしているのはお母さんです。		
	付　属　機　能	親が買う。ゲームのダウンロードや課金（かきん）は、事前に親の許可が必要です。		
	月額目安料金	使った分だけ通信料が毎月かかります	購入日	○○年○○月○○日

使用条件			
その他	使用場所	リビングのみ	その他特約 ・オンラインゲームで知らない人と勝手につながってはいけません。 ・ゲームのために夜ふかしすることは禁止します。どうしてもやりたいときは早起きしてください。その場合も、学校に行く時間はきちんと守りましょう。 ・食事中の利用禁止はゲームだけでなく、家族みんなですべてのネットにつながる機器（スマホ、タブレット、パソコンなど）の利用を禁止します。
	禁止事項	食事中の利用	
	使用時間	21時まで	
	優先事項	家族のこと	
	問題があった場合	すぐに家族に相談	
	この契約書に書かれていないことを決めるとき	そのつど相談。ただし友達を理由とした交渉は受け付けません。	

（2）契約期間について

20○○年　4月　1日　から　20○○年　3月　31日まで　（1年間）	
更新について	1年ごとにルールは見直します。 そのときも親子で納得した上でルールを決定することとします。

Aki行政書士事務所

Aki先生からのアドバイス

（3）Aki先生からのアドバイス

＿＿＿＿＿＿君へ　Aki先生より

- ゲームというのはとても依存（いぞん）性（ゲームがやりたくて、他の
  ことが手につかなくなってしまうこと）が強く、依存状態がひどくなる
  と「ゲーム障害」という病気になってしまいます。専門の病院に
  通うことになりますが簡単に治らずとても大変な思いをします。
  このルールはその「ゲーム障害」になることを防ぐために、お父
  さんお母さんが考えたものです。そのことを忘れないでください。

- 最近のオンラインゲームでは、ボイスチャット機能を使って友達
  同士で会話をしながらプレイできるものが人気ですよね。ただ、
  ゲームをしながら（特に戦うゲーム）会話をすると、どうしても口
  調がらんぼうになりがちです。相手が仲のいい友達であっても、
  注意してください。たまに自分がどんなことを言っているのか振
  り返ってみてください。

**ゲームをしたい気持ちががまんできなくなったり、ゲームの
ことしか考えられなくなってしまうと、ゲームはとてもこわ
いものになります。
ルールを守って楽しくゲームで遊んでください。**

Aki行政書士事務所

親子で署名・捺印しましょう

（4）署名・捺印（しょめい・なついん）

　本契約の締結を証するため、本契約書を２通作成し、親、子が記名押印の上、各自１通を保有する。

　（この契約がきちんと約束されたことの証拠（しょうこ）として、この契約書を２つつくり、親・子がそれぞれ名前を書いて、ハンコを押して１つずつ持っていましょうね、ということ。）

子から親へのメッセージ

子どもの選択が最善ではなかったとしても、それが子どもの選択なら尊重し、見守ってください。そして自分自身の幸福追求も忘れないでください。

　　　　　　　　　　　　　　　　　年　　　月　　　日

親　　　　　　　　　　　　　　　印

親から子へのメッセージ

いつでもあなたのことを思っていて、あなたを全力で守りたいと思っているのは親であるということを忘れないでください。困ったことがあったときは、最初に親に相談してください。親はいつでもあなたの味方でいてくれます。

　　　　　　　　　　　　　　　　　年　　　月　　　日

子　　　　　　　　　　　　　　　印

Aki行政書士事務所

インターネットを使う前に知っておきたい社会のルール

・犯罪（はんざい）をおかすつもりがなかった場合は、犯罪になりません。でも、それが犯罪だと知らずにやった場合には、犯罪になります。法律を知らないと、いつの間にか犯罪行為を行っている場合がありますが、**「これが犯罪行為だとは知らなかった」ではすまされない**ということです。

　▶刑法第３８条（故意）

＊犯罪とは、法律で決められた"やってはいけないこと"のことです。

・人の体を傷（きず）つけた人は罰（ばつ）せられます。ここでいう傷とは、暴力（ぼうりょく）だけでなく心のダメージで体調を悪くする場合も含まれます。つまり**悪口も暴力と同じくらい人を傷つけるもの**なのです。

　▶刑法第２０４条（傷害）

・何かを「傷つけてやる」と言って他人をおどすと、罰せられます。「オンラインゲームに加わらないと、次の日、無視するぞ」なんて言ってはいけないのです。**実際に無視しなくても、言っただけでこの罪は成立**します。

　▶刑法第２２２条（脅迫）

・誰かの名誉（めいよ・その人の価値のこと）を傷つけて評判を落とすようなことを、多くの人たちに知られるようにした場合、それが事実かどうかに関係なく罰せられます。**本当のことなら何を言ってもいいというわけではない**ということです。

　▶刑法第２３０条（名誉毀損）

・**多くの人たちの前で人をばかにしたり悪口を言うと罰せられます。**ネット上の発言は、この"多くの人たちの前"に当たる場合があります。

　▶刑法第２３１条（侮辱）

Aki行政書士事務所

おわりに

　本書は、いまだに増加傾向の見られる不登校に対して、それに直面した支援者が、具体的にどのような手順で、どのように対応していけばよいかを【不登校への標準対応】としてまとめたものです。

　ですから、ある程度マニュアル的にも使えるものを目指しましたが、ただ単純にマニュアル化したわけではありません。それぞれの領域における理論から導き出された理論知と、実践から導き出された経験知が織りなす臨床知とでも言うべきものの集大成として、多くの執筆者の力を借りて描き出されたものです。

　本書の企画編集中の期間は、まるまる新型コロナ禍と重なる期間でした。その中で、オンライン授業の導入などを通して学校教育も大きく変化しています。ＧＩＧＡスクール構想も１人１台タブレットを中心に一気に進み、「学びの自立化と個別最適化」がキーワードとなっています。

　このような流れの中で、不登校のとらえ方自体も変化していくことでしょう。しかしながら、どのような変化が起こったとしても、不登校への対応としては、本書の【標準対応】が第１選択であることを、執筆者一同、自信をもってみなさまにお伝えできます。

　どうぞ、末永く本書をご活用いただければありがたいです。

2021年6月　　　　　　　　　　　小澤美代子　　田邊昭雄

執筆者一覧 <small>(執筆順)</small>

小澤美代子 <small>(おざわ みよこ)</small>　さくら教育研究所所長
　　監修者　はじめに　第1章1〜3　おわりに

田邊昭雄 <small>(たなべ あきお)</small>　東京情報大学教授
　　編者　はじめに　各ナビゲート <small>(第6章除く)</small>　第1章4　第4章　第9章
　　第12章6　おわりに

淺見光子 <small>(あさみ みつこ)</small>　さくら教育研究所代表
　　第1章1〜3　第8章

金髙美津子 <small>(かねたか みつこ)</small>　千葉県教育委員会スクールカウンセラー
　　第2章1

髙橋閑子 <small>(たかはし しずこ)</small>　千葉県子どもと親のサポートセンター相談員
　　第2章2

富樫春人 <small>(とがし はるひと)</small>　千葉県教育委員会スクールカウンセラー
　　第3章

中村裕行 <small>(なかむら ひろゆき)</small>　愛媛大学准教授
　　第5章

小柴孝子 <small>(こしば たかこ)</small>　千葉大学子どものこころの発達教育研究センター特任研究員
　　第6章ナビゲート　第6章1〜8　第8章

清水栄司 <small>(しみず えいじ)</small>　千葉大学子どものこころの発達教育研究センター長
　　第6章1〜4

浦尾悠子 <small>(うらお ゆうこ)</small>　千葉大学子どものこころの発達教育研究センター特任講師
　　第6章1〜4

廣部昌弘 <small>(ひろべ まさひろ)</small>　千葉県公立中学校元校長
　　第6章5

鴇田拓也 <small>(ときた たくや)</small>　千葉県公立学校教諭
　　第6章6

大橋将一 <small>(おおはし しょういち)</small>　通信制高等学校教諭
　　第6章8

藤原和政 <small>(ふじわら かずまさ)</small>　長崎外国語大学准教授
　　第7章

片桐　力 <small>(かたぎり つとむ)</small>　秀明大学教授
　　第10章

植草伸之 <small>(うえくさ のぶゆき)</small>　千葉市教育委員会スクールカウンセラー
　　第11章

田中友里 <small>(たなか ゆり)</small>　Aki行政書士事務所代表
　　第12章1〜5

〈監修者紹介〉

小澤 美代子（おざわ みよこ）

さくら教育研究所所長

子どもたちと先生方の“元気”を応援したいという願いから、教育相談に
携わってきました。特に不登校の子どもたちとその周囲の人たちの力にな
りたいという思いに突き動かされて活動を続けてきています。その思いは
今も変わることがありません。

〈主な著書〉

『上手な登校刺激の与え方』ほんの森出版（2003年）

『〈タイプ別・段階別〉続 上手な登校刺激の与え方』ほんの森出版（編著、2006年）

〈編著者紹介〉

田邊 昭雄（たなべ あきお）

東京情報大学総合情報学部教授

高校の教員として不登校の子どもたちやその保護者の方々とかかわり、多
くのことを学んできました。今は、大学での教員養成や傾聴ボランティア
養成講座などを通して、そこで学んだ大切なことを地域社会に還元してい
きたいと考えています。

〈主な著書〉

『教員の在り方と資質向上』大学教育出版（共著、2018年）

『学級経営力を高める教育相談のワザ13』学事出版（共編著、2016年）

やさしくナビゲート！ 不登校への標準対応
どこの学校でもできる上手な不登校対応

2021年7月10日 初 版 発行

監修者 小澤美代子
編著者 田邊昭雄
発行人 小林敏史
発行所 ほんの森出版株式会社
〒145-0062 東京都大田区北千束3-16-11
TEL 03-5754-3346 FAX 03-5918-8146
https://www.honnomori.co.jp

印刷・製本所 研友社印刷株式会社